ココロ医者、ホンを診《み》る

10年分から

Konishi Takako

武蔵野大学
出版会

ココロ医者、ホンを診《み》る

―本のカルテ10年分から―

目次

第1章

隣の芝生はホントに青い？

第2章

あなたと私は遠くて近い

第3章

プロの世界

第4章

心の居心地

第5章

読み出したら止まらない「お楽しみ」

初出一覧

本書は一九九九年から二〇〇九年に**毎日新聞「今週の本棚」**欄で掲載された書評から五六編を選び、一部加筆、修正を加えたものです。

各書評で取り上げた書籍は、本書独自の観点で七つのカテゴリーに分け、左のようなアイコンで示しています。

さまざまな角度からの「読みたい本探し」をナビゲートしています。

実録

教養

人生

働く

小説

実用

心理

まえがき

　毎日新聞で書評を始めたのは、もう一〇年以上前のことになる。それから、誰からも「やめなさい」とも言われないのをいいことに、ほぼ月一回のペースで書評を書き続けてきた。それがまとまって本になった。

　始めてから数年して、突然頭にひらめいたことがあった。私は「本を診《み》てる！」。どうやら私は、精神科や心理臨床で患者さんと会話するように本を読んでいるのである。本という言葉の詰まった材料を通して、著者を知りたい、著者と会話したい、というのが私の読書であると言えそうだ。

　長く診ている患者さんでも、ああこの人の問題はこうなっていたのか、この人はこういう人だったのか、という新たな発見があることがあって、その一瞬に謎が解ける感覚は、「患者さんの治癒」という仕事の枠を超えて、個人的にも強い喜びをもたらす。「醍醐味《だいごみ》」というやつですね。本の場合にも、こういうことを書きたいと思う人は一体どんな人なのか、どうしてここにこういうことを書いたのか、読んでいて腑に落ちる瞬間というのがあって、それは私の読書の喜びでもあり書評の源泉になっている。同じ感覚だなあと思うのである。

だからここに収めた書評はここ一〇年で出会った、さまざまな本との会話の後の診療録であるとも言える。改めて見直してみて、本の紹介というよりは、ずいぶん自分自身も登場していることにも気がついた。相手の本の声だけを拾っているのではなく、私の声も含めた対話録である。本の声と私の声とどちらも聞いてもらえたらうれしい。

二〇〇九年九月

小西聖子

第1章

隣の芝生はホントに青い？

男が漏らす四つの「弱音」

『男はつらいらしい』奥田祥子著（新潮新書、二〇〇七）

実録　人生　心理

なんだかビミョーな題名である。男性には「所詮《しょせん》他人事ってことね」と怒られそうだし、女性には「女の方がつらいのに」と言われそう。

四〇代シングルの女性新聞記者が、週刊誌編集部に配属になり、「三〇歳代以降のサラリーマン読者が多いこともあり、収入格差や成果主義人事制度、ミッドライフ・クライシス（中年の危機）といったテーマを取材するうちに、男性たちが、そうした社会で表面化した問題とは別の次元で、『男』として、内に秘めた心の病みを抱えていることを知る」ことになった。普通の男性たちの「つらいこと」インタビューから本は構成されている。

おりしも、総理大臣と横綱が、どっちも「つらくて」仕事ができなくなったみたいだ。政治的なパワーと身体的なパワーの頂点。強い男性の象徴であったような職業のトップにある人たちが、ストレスでやられて弱音を吐いている。

これまで、こういう職業にあるということは、攻撃されても無限にそれに耐える力を持ち、行動力と勇気と責任感を持ち合わせ、かつコントロールが利いている、というようなことを意味しているはずだった。弱音を吐くのはお約束違反だ。また実際、人にも迷惑この上ない。みんなが怒るのも当たり前だが、私には一方でちょっと新鮮な気もするのである。

だって実際には、男も大概は、えらく打たれ弱いか、勇気や責任感がないか、行動力がないか、逆に抑制がきかないか、のどれかひとつくらいは当てはまるのが普通である。そうなると、いろいろ人生に問題が出てくる。真正面にそういう弱音が出てしまう時代になったんだなあと思う。

この本では四つの「弱音」が扱われている。結婚できないこと、男も更年期に具合が悪くなること、相談できない体質、父親としての悩み。みんな少なからぬ男が困っている問題なのだが、中でもこの本で力が入っているのは「結婚できない」と「男性更年期」であろうか。

五〇歳までに結婚しない「生涯独身率」が男性では一六%に達しているそうである。「結婚できない」問題は、男性の個人的な視点からはどう捉えられているのだろう。

読んでみると、女性の「結婚できない」つらさと、良くも悪くも似たようなお話である。相手への高すぎる期待、それと相反する相手の個別性への関心のなさ。他人とコミュニケーションすることの不得意さと、それによって傷つくことへの恐れ。それから、とりあえずは生活に困らないこと。

結婚という制度自体があやしいものになりつつある今の世の中で、生活に困らなくて、人に関心がなくて、臆病《おくびょう》だったら、他人と暮らすなんて無謀な冒険はしない方がいいという結論になるに決まってる！　と私は思うが、著者はもっとやさしく、男の言い分を聞いている。

男性更年期——男性ホルモン分泌の急激な衰えによる様々な症状——の問題も、若さやセクシュアリティの喪失の問題とともに、家族やその理解が大きいという点からは、更年期障害になった女性の訴える問題とやっぱり共通点が多い。

読んでいるうちに、男性という集団の特性の問題をもっと考えてもいいのではないかと思えてきた。平均寿命が女性より六年も短く、犯罪や事故死が多く、飲酒も多く、より孤独になりやすい。なのに医療や福祉の相談に来ることも圧倒的に少ない集団。これが問題じゃなくてなんだろう。

ニッチな専門職の強烈なユニークさ

『バタフライハンター——10のとても奇妙で素敵な仕事の物語』クリス・バラード著／渡辺佐智江訳（日経BP社、二〇〇七）

実録　人生　働く

天職——自分にしっくりなじみ、仕事自体が生きがいになるような仕事——がどこかにあるはずだ、というメッセージは、転職社会に広がる神話のひとつである。面白くてやりがいがあってかつ十分な見返りのある仕事。「転職して天職を見つけ、ほかの悩みも解消した」式のサクセスストーリーはいつも雑誌に載っている。

だから、そういう仕事をしていないと思うときは、自分に合った「真の仕事」を見つけることが必要だということになり、自己啓発の本や性格判断や成功の法則の本を読んで、インターネットにアクセスして、自分の「天職」をさがすことにもなる。そして本屋の書棚の一角はいつもこの手の本に占領されることになる。

こういう「天職発見」神話が一〇〇%本当だと思う人はいないだろう。でも一方で、人があまり興味を示さない分野でも、また大したお金にならなくても、熱心に働いている人は少なからずいる。だとすると問題は、こういう天職を持つ人たちが、いったいどうやってその仕事についたのか、ということである。問いに答えるべく、アメリカのスポーツ雑誌の記者が、仕事に没頭しているアメリカ人一〇人に、インタビューしている。

仕事熱心な人のインタビュー集というだけなら、伝統工芸職人でも、スポーツ選手でも、美容師でも、研究者でも対象にしたらすぐ作れてしまいそうだが、この本のユニークなところは、登場する人たちの仕事の内容もユニークであることである。義眼だとわからないほど本物そっくりの義眼を作る職人。筋骨隆々の女性のきこりチャンピオン。インディ・ジョーンズを思わせる、世界中で蝶を追いかけているバタフライハンター。映画の予告編のナレーションを三五〇〇編担当してきた人。『2001年宇宙の旅』も『ターミネーター2』も、と言えばその響き渡る低音を思い出せるかもしれない。

とりわけユニークなのが、スパイダーマン・マルホランド。仕事に伴ってこういう名前に改名したという男は、四二歳の元海兵隊員。ビルの壁にロープでつり下がって縦横無尽に動き回り、普通だったら到達不可能な高い場所の点検や修理をする。壁を歩いたり、ジャンプしたり、尖塔《せんとう》に登ったり。クレーンや機械の必要なところを一人でロープだけでやってしまうから、個人にけっこうな額を支払っても、雇う方には経済的なのである。

子どものころから木に登ってばかりいた。六歳の時から高いビルの窓ふきをした。さらに海兵隊でヘリからの懸垂下降や狙撃など、危険で難度の高い技術を習得して、除隊した後、このビジネスを立ち上げた。インタビューでは、多弁、ハイテンションで、かなり偏った性格の人である。ハイリスクなことが大好き。いつもアドレナリンがいっぱい、ストレスで自分を追い込んだ状態にしてから仕事をしていく。

「軍隊生活から市民生活に移行する際に多くの人たちが苦闘するが、マルホランドはその高揚感を仕事で再現する術を見つけた。……（彼は）仕事が好きなだけではなく、それを必要としていた」。この仕事をやらなかったら犯罪者への道も近かったんじゃないか、と著者も考えている。

まあ結局は天職は探すものじゃない、という普通の結論もひとつあるのだけれど、内容は今まで読んだことがない強烈さ。人がユニークであることに日本よりもずっと寛容な社会が、変わった人たちの変わった職業のなりたちを通して見える。

自立した大人にしか教育は立て直せない

『学校崩壊』河上亮一著（草思社、一九九九）

実録

働く

　授業中にしゃべる、走り回る。まったく統制が取れない。昔の学校ではあり得ないと思われていたことが、今たくさんのところで起こっている。小学校で働いている知人に聞くと「全然授業になってない」と言う。

　ひ弱で、傷つきやすく、対人関係が持てず、突然キレる子どもたち。教育については誰もが一家言持っているから、子どもの教育についての本も大賑わいである。

　著者は「プロ教師の会」の主催者として、以前から多くの発言をしてきた人。現場の教師である著者が描く子どもの現状は、説得力がある。学校の先生はほんとに大変だ。それに安易な犯人探しで問題を解決することはできない、という主張もその通りだと思う。

学校が街中と同じになってしまった。もっと特殊な場所、文化を伝える場所としての権威を学校が持たないと学校の教育力は戻ってこない、教育は福祉ではない、と著者は言う。

では、以前の学校の教育力を支えるものは何だったのだろうか。

一九六〇年代に新任の教師として赴任した著者は校長に村の有力者のところに挨拶に連れて行かれる。著者は最初反発を覚えるが、やがて「学校が村の有力者を中心とした大人たちの横のつながりの上に乗って成り立っており、教師が何か言うと、その後ろに地域の大人たちの影があり、それに支えられて、教育力が発揮できたことがわかってきたのである」。

著者は基本的にはこのような時代の学校が持っていた父性、その教育力を今の学校に取り戻せと主張する。「家庭に父権を取り戻せ」の学校版であるとも言える。

地域共同体をバックにした教育力……目に見えないこの「力」については、六〇年代までに地方で学校生活を経験した人は、具体的に思い当たるのではないだろうか。私も思い当たる一人である。でも思い当たるからこそ、引っかかる。そこにあった地域有力者と結びついた教師の権威は、教科教育の枠にとらわれない生き生きとしたものでもあったが、時には親の力関係や地域の差別を反映した息苦しいものでもあった。学校の中には「街中」ではないが、「村中」と同じような力関係があった。力のある先生はすばらしい教育を展開する一方、強い者にへつらい、子どもという弱者をいじめることで「先生」をやっていた未熟な人もかなりいたと思う。

　父権復活論者の落とし穴は、父権を行使する者は自立した大人でないといけないという前提に目をつぶるところである。父性が教育的に機能するには、自律的で倫理的で公正な態度を取れる大人であることが絶対条件だ。未熟で感情的で、しかもそれを自覚しない者が権威を振りかざしたら、集団はめちゃくちゃになる。

　本を書く人たちは、成熟した人かもしれない。著者の子どもとの関わりを読むと、公正で偏見のない関わりを持てる人らしい。でも、ほかの先生もみんなそうではない。先生にも親にもたくさんの不安定な未熟な人がいる。それは当然のことだし、大人になりなさいと口で言って変わることではない。そのことを棚に上げて議論してはいけないと思う。

　そういう意味では、同じ教育の崩壊を分析しながら対照的な本として『日本人のしつけは衰退したか――「教育する家族」のゆくえ』（広田照幸著 講談社現代新書）も勧めたい。こちらはマクロな目で冷静に分析する。六〇年代がやはり学校教育の黄金期として捉えられているが、それは日本の学校教育の変化のなかの一位相であるとしている。『学校崩壊』を読む人はいっしょに読んでみて欲しい。

私は著者より悲観的

『希望の国のエクソダス』村上龍著（文藝春秋、二〇〇〇）

人生
小説

二〇〇一年の六月初旬、日本人の少年がパキスタン北西部・アフガニスタンとの国境付近で地雷により負傷した。二人の少年は、日本を捨て、現地の部族にまじり、地雷除去にたずさわっていたのだ。

「日本のことはもう忘れた」「あの国には何もない。もはや死んだ国だ、日本のことを考えることはない」「すべてがここにはある。生きる喜びのすべて、家族愛と友情と尊敬と誇り、そういったものがある、われわれには敵はいるが、いじめるものやいじめられるものがいない」そう語る少年の映像は繰り返し日本に流れた。

このシーンから小説が始まる。

日本中の中学生がこの少年の映像に影響を受けて動き始める。九月の新学期、中学生たちは集団不登校を始めた。彼らは学校に行っていなくても、インターネットで連絡を取り合い、ネットワークを作っていく。それらは自然にまとまりながら、「ナマムギ通信」という中学生の巨大なネットワークを生み出した。ナマムギ通信はらくらくと国境を超え、経済的にも成功し力を持つようになる。中学生ベンチャービジネスだ。中学生のネットワークは崩壊の危機に直面する日本経済を救い、ついには、北海道にASUNAROという実質的な独立国家を作るに至る。

エクソダスというのは、出エジプト記、モーゼに導かれてエジプトを出るユダヤの民のお話のことだ。『希望の国のエクソダス』は「死んだ国」である現在の日本からの脱出記であると言える。脱出のための最初の行動が、集団登校拒否であり、モーゼらに海を渡る力を与えるものが、インターネットである。

近未来小説というより、現在の日本を素材にした仮想実験小説という感じ。ほうら、もしかしたらほんとうにこんなことできるんだよ、と扇動《せんどう》している感じもある。まずワクワクしながら面白く読めることは確かで、それは小説として大事なことだろう。

教育問題、インターネットのもつラディカルな変革の力、可能性、通貨危機とヘッジファンド、環境問題など盛りだくさんな話題が積み上げてある。取材の底力がすごい。でももう少し、材料おさえ気味の方が品はよくなったかもしれないなあと思う。それじゃあ、村上龍じゃなくなっちゃうかしら。

小説の前半と後半で作者の態度は微妙に変わるような気がする。日本の既成の組織や大人に対するＮＯ！　は確信を持ってすっぱりと言われるのに、それを破壊したあとに現れる新しい希望であるはずの「クールな今時の中学生」やインターネットに対する作者の距離のおきかたは微妙なのである。作者は、これが新しい希望になり得るのだと、決して明確には断言しない。

でも、もしインターネットやそれを駆使する中学生が新しい希望だと断言されていたら、私はこの本を評価できなかったと思う。

中学生が一斉に登校を取りやめる。これはなかなか有効な手段である。何十年も変わらないのは学校教育くらいだ。すべての学校神話を捨てて、教育を問い直すことは本当に現在必要とされていることだろう。

けれど、現実に今こういうことが起こったとしたら、その次に現れるのは、子どもたちの民主的なネットワークではなく、支配や暴力や混乱だと私は思う。子どもだからそうなってしまうというのではない。それこそが大人も子どもも含めた現在の日本の病根を作っているものだからである。

現実にも子どもたちはときどきはげしい攻撃性を示し、暴力をふるう。このような暴力は、機能しなくなった社会を破壊し、さらに新しい社会を創造していくパワーになりうるのだろうか。

この点については私は作者より悲観的である。家庭の中で示される暴力の多くは、反抗ではなく、恐怖や不安の表れである。既成概念を破壊したいからではなく、既成概念から抜け出せないでいるために、暴力が生まれるのである。

実際聞いてみると、学校へ行けない子どもたちはおどろくほど保守的である。大学へ行かねばならない、人並みでなければならない、だからこそそうでない自分を好きになれないでいる。そして自分が好きでないから、人とも対等な関係が持てないでいる。強い者を恐れ、弱い者をいじめ、暴力をふるう。

作者は中田英寿《なかたひでとし》をイメージして中学生を造形したところもあると述べているが、中田が最初から持っていた日本人にはたぐい稀《まれ》な自己評価の高さは、現実の多くの子どもたちと対極にあるものである。

作者はこれまでにも、反社会的な暴力をひとつのパワーとして描いてきたが、この本では自傷行為の裏返しとしての暴力がそれとまったく同じものとして捉えられているように思えることに私は引っかかる。少数の例外はいつの時代にもいるとしても、エクソダスで海を割って脱出するほどの力は今の中学生にはないんじゃないか。インターネットのページは、すぐに自分だけは安全な、対人攻撃の場と化すんじゃないか。

インターネットにはこの本のホームページもある。風力発電の風車の絵が美しい。たくさん資料がある。興味のある人は訪れてみるといい。

会社と雇用を守る戦いはもはや格闘技

『会社再建　史上最大の巨大倒産 管財人の記録』奥野善彦著（小学館、二〇〇〇）

実録

働く

「管財人」って何なのか、どんな仕事をしているのか。知ってますか？　会社の破綻と「管財人」はセットになって新聞やテレビに登場する。管財人というのは、弁護士が就任するものらしい。会社の整理ってどういうことなの？　なんで弁護士が社長みたいなことしてるの？　突然外からやってきてその会社の仕事を理解できるの？　だいたい会社更生法って何？　山一証券と日本リースとそごうとどこが違うの？

そんな常識的なこと知らない人がいるなんて、と専門家はあきれるかもしれないが、世の中の多くの人はまちがいなく私と同じ疑問を持っていると思う。精神分裂病と多重人格障害の区別が世の中の多くの人にはわからないように、会社更生法適用と自主廃業の区別は多くの人にとっては何だかよくわからないのである。

著者は奥野善彦弁護士。会社整理、破産、和議、会社更生事件の専門家。弁護士さんにもそういう専門家がいるのね。きっと火事場の張りつめた、でも本当に実力主義の雰囲気が好きな人に違いない。

一九九八年九月二七日、日本リースは「会社更生法」の適用を東京地裁民事第八部に申し立てをする。この日の夜、奥野弁護士は日本リースの保全管理人に就任することを地裁から打診される。そして「こんな重大な仕事を引き受けるのは弁護士冥利《みようり》に尽きる」と、即座に引き受ける気持ちを固める。翌日から会社更生にかける猛烈な毎日が始まる。更生手続きが始まると、保全管理人が「管財人」になる。その管財人自身の記録が本書である。

それから起こってくるさまざまな出来事はまさに火事場の連続である。会社更生法って、会社をつぶすときの法律じゃなくって、かなりの無理と迷惑を周りにかけても、会社の機能をそのまま残すための法律なのね。時には法律を盾に、時には法律を枉《ま》げてでも合理性に訴え、会社を守り雇用を守る戦いは、専門家のクールな仕事と言うよりは、気力知力体力をふりしぼって戦う格闘技に近い。

日本リースにおける管財人団の活動の原則は、二点、債権者の利益の極大化と従業員の雇用の確保。そう言えば簡単だけど、債権と債務でがんじがらめになった会社の中で二つのことは簡単に矛盾する。この中に書いてない、書けない問題も会社の内外にたくさんあるのだろうという気がする。本の中でわかりやすくリース業についての解説や、会社の借金についての説明がなされているが、それでも恐ろしく複雑で、例えば「ＡＢＳ証券」の話は、私にはどうしても理解不能である。

管財人の仕事は、「権限」で動いていくお役所仕事と正反対だ、というのが私の感想である。九時―五時なんて関係ない、個人技で、請負業で、強力なリーダーシップと情熱と倫理観と、それに加えて優秀でやる気のある人に仕事を任せる度量も必要。「組織」ではなくて「人」の世界である。

どうしてこんな大変なことを請負って、誠心誠意やるのだろう、管財人の善意の根拠はどこにあるのだろう、とちょっと考えたが、困難な状態にある患者さんを目の前にしたときの医者と同じことかもしれないと思って納得した。それは何よりも「自分の仕事」なのである。

こういう職業的な倫理感や使命感に支えられた仕事は、社会の中ではあきらかに減少しつつあるのだが、こんな場所にも生き残っていたのね。

人生の後半は、下り坂でもいいじゃない？

『ジェーン・フォンダ我が半生　上・下』ジェーン・フォンダ著／石川順子訳（ソニーマガジンズ、二〇〇六）

実録

人生

本書執筆時、ジェーン・フォンダは六八歳。一九六〇年にはじめての映画が公開されて以来、『コールガール』『帰郷』で二度のアカデミー主演女優賞を獲得。三人のそれぞれ際立った才能を持つ男性、フランスの映画監督ロジェ・ヴァディム、アメリカのベトナム反戦活動のリーダーだったトム・ヘイドン、そしてCNNのオーナーであるテッド・ターナーと結婚と離婚を繰り返した。同時代を生きてきた人なら、日本人でもこのくらいのことは知っていると思う。

父ヘンリー・フォンダとの確執と、ベトナム反戦活動は、世代間の確執をわかりやすく表しているように見えたし、その女性がメディアの革命児と呼ばれる大富豪と結婚したことは、一時代が終わったことを象徴しているようだった。

上下二冊、全部で八〇〇ページ以上の自叙伝で分量は多いのだが、率直だし波乱万丈だし、興味深い写真もある。活字の量で疲れることはない。特に、ヴァディムの撮った『バーバレラ』の頃からの彼女の映画を見ている人には面白く懐かしく読めるだろう。

サンタモニカで始まり、ニューヨークとパリを行き来する華やかな生活や、北ベトナム訪問などの派手な活動の中で、また輝かしい経歴の中で、彼女自身は何を考え、どう選択してきたのか。

ひとことで言えば、ジェーンは自分を導きリーダーシップを取れる夫――父の代わり――を三回にわたって選択する。優秀で強引で自己中心的なタイプの男性を、未熟な自分に新たな世界を教えてくれる導き手のように錯覚してしまう。夫の意に沿って、ジェーンは、そのたびごとにまじめに反省し努力し、自分自身を変える。ヴァディムには芸術的でセクシーな妻に、ヘイドンに対しては活動のシンボルとして金を集められる妻に、ターナーには大富豪の幼児的な孤独で野放図な生活を支える高名な妻に。

ジェーン自身が、才能にあふれて、努力も惜しまない完全主義の人だから、それをやり抜いてしまう。それでも、結局は耐えられなくなり離婚するのだけれど、また錯覚に気づかないまま繰り返しているとも言える。女性の最先端を行くような人なのに皮肉なことだ。

ヴァディムは妻に売春婦と三人でのセックスを何度もさせるが、ジェーンはそれに従順に従っている感じである。妻に当然のように女優を辞めさせるターナーにも文句を言わない。

「ありがたいことに私はまだ成長過程にある」と六七歳のジェーン・フォンダは言う。「少しずつだが、私は自分の体を愛し慈しむことを学んできた」と書くジェーンは若々しい。四〇歳になって、彼女はついに過食症を克服する。その向上心、努力、ひたむきさは見上げるべきものがある。

ただ、私はこの本の「若さ」にちょっと疲れた。七〇歳になるまで——もしかしたら死ぬまで——一人の女性として美しい身体を保ち、男性と恋愛し、自分を発見し、前向きに変化していく。アメリカ的というか、この人は永遠に青年期にいるかのようである。自分のことに関心がいっぱいだ。

まだ二〇年は生きる予定と彼女は言う。そこには死や老いの不安は書かれていない。もうちょっと人生の後半っていうものは下り坂でもいいんだよ、ぼんやりしてもいいんだよというメッセージが、自分も年をとってきた私には欲しい。

本は、手紙じゃ、ないんだよね

『楯』二谷友里恵著（文藝春秋、二〇〇一）

実録人生

皆さまご存知の著者の前作『愛される理由』、前夫郷ひろみの離婚の記『ダディ』に続く、妻側から見た離婚の記。

こんな風に有名人がそれぞれひとつの不幸について両側から本を書くなんてことは、あんまりないことだから、それだけでも興味をそそる。しかも両者ともまじめで完全主義らしく、文章にもインチキがなさそうである。

そう思って三冊まとめて読んだのだが、これが大変、なんだか疲れた。予想外のことであった。

ひとりの女性が離婚の顚末《てんまつ》をつづった作品として普通に『楯』を評するならば、この本のできは決してよろしくない。

まず文章がよくない。著者が観察眼を持ち、ある程度語彙《ごい》も持っている人であることはわかる。でも「自分の一番蒼《あお》い時代の拙《つたな》さと、失った輝きを、溢れる懐かしさで許し、慈《いつく》しめる時間が来るのかもしれない」なんて表現はちょっとね。自分のキャパシティを超えたがんばりはよくないと思うなあ。

彼女が結婚して書いた『愛される理由』が売れたわけのひとつに、著者の文章がけっして表面的ではなく、いわゆるタレント本の域を脱しているということがあげられてきた。それは今回もそうなのだが、うーん、こういう方向に文章が発展してはいけないと思うのですね。

もうひとつ内容について言えば、自分のことを書きながら、自分と距離がなさすぎるのも困る。もちろん前作だって距離はないのだが、起こってくる出来事が山あり谷あり、すてきな小道具が登場し、感動的な結末。井上ひさしが文庫版の解説で「『愛される理由』は売れる三文小説の手本」と皮肉なもの言いで誉めている。

今回は著者は怒りでいっぱいである。二人が別れることになる大きなきっかけとして、夜中に著者が急に激しい腹痛に襲われて、救急車を呼んだときのエピソードが描かれる。全く起きようとせず、次の朝も病院にいる妻をほったらかして予定通りゴルフに行ってしまう夫のことが描かれている。現実的だけど暗い。

　でもこんな風に言われたら著者本人は憤慨するだろうなと思う。自分の事情を知ってほしくて真剣にメッセージを書いただけであって、娯楽作品を提供しているつもりはないと言われるだろう。「最後にたった一度だけ、ある覚悟をもって世間に向けて公表する、出血の真実の記録だ」とあるけど、もちろんその言葉に嘘があるとは思ってない。けれど、本は手紙じゃないし、批評されるんだよね。

　高学歴の女性の中に、ときどきこういう「正しい」人っているよなあ、というのが私のもうひとつの感想である。ＰＴＡの集まりでいつも正しいことを言うタイプ。辟易《へきえき》する気持ちとともに、痛々しいと思う。だってそれは、傷ついていたり孤独だったりするからなのである。男ならひねくれたり権力志向になったりするところを、女は「正しさ」に頼ってしまうのだ。そして「子どものため」という言葉ほど、世間に簡単に女の正義を納得させるものはないから、どうしてもこういう場合は「愛する子どもの幸せのため」のオンパレードになりがちである。

　でも、その主張をそのまま文章にすると、傷つきやすさより潔癖さや冷徹な感じが先にたってしまう。頭がいいから余計そうなる。なんだかピカピカに磨いたステンレスの壁みたいで、やさしくない人だという印象を与える。怒るときに、このやり方は実はすごく損なのに。

読んでいるうちに、私はこの本に対してどういう態度をとったらいいのか、よくわからなくなってくるのである。たいしたことのない本だという気持ちと、こんなに傷ついている人に冷たいことを言うのはひどいことだし、なによりめちゃくちゃ怒られそうでこわいという気持ちの、両方がせめぎあって苦しい。

この本が持っている二重性と言うか欺瞞《ぎまん》――個人的な真摯《しんし》なメッセージであると書きながら、あきらかに前作を読んだ不特定多数の人たちに読まれる有名人の暴露本として出版されていること――に私は惑わされている。この欺瞞は著者が仕組んだのではないだろうが、著者はそれに乗っている。そしてその欺瞞によって著者自身も傷つけられている。

『ダディ』とこの本は著者がすごく正直で真剣なのに、結果としては欺瞞的と言う点でよく似ている。『ダディ』も読んでいると息苦しくなる。いやはやこの男性の吹っ切れない律儀さもなかなかだと思わせる本である。基本的には女は自分を飾るコレクションのひとつでしかないという自己中心的なタイプなはずなのに、努力家で善良で向上心が強い。

表面的な幸福で満足するには二人とも内省的過ぎるし、本当に自分を見つめるほどには内省が足りない。むずかしいですね。

いつも正しくて不幸だと「愛されない理由」になってしまう。間違ってもいいから幸福なほうがいいですよ。

大人を悩ませる、子ども向けの未来予想

『未来のたね――これからの科学、これからの人間』アイリック・ニュート著／猪苗代英徳訳（NHK出版、二〇〇一）

教養

※二〇〇一年、世界貿易センタービル崩壊の後に……

二一世紀の今になっても、一人の人間が暴力で世界を震撼《しんかん》させ歴史を動かすことがある。一国の指導者でもなく、単に「氏」と呼ばれている人間でも、そんなことがあるのだという驚きが、ビルが崩落する映像に恐怖を感じた後しばらくして湧《わ》きあがってきた。

自分一人でも世界を動かせるという感覚――巨大な組織に支えられ、また拘束されている米国大統領などよりも、ずっと強烈で直接的な「世界の手応え」――を、彼は感じているに違いない。それは、私が車を使わずに足で歩いて、石油消費を節約して世界の温暖化防止に貢献した、と考えるときに感

じる手応えのなさ——空の青さも空気の温度も何も変わらないんだから、頭でそう思うしかない——と皮肉な対照をなしている。

『未来のたね』は今年の六月に出版されたのだが、題が気になりながらも、ずっと部屋に積み上げたままだった。それがニューヨークのテロのニュースと同期するように、本の一節がちょうど目にはいったのだ。

「でも二一世紀のもっとも危険な兵士は、電子頭脳を備えたアメリカのロボット兵士じゃない。それは自動小銃を手にした貧しい国の若者たちだ。確かにヨーロッパやアメリカの訓練を受けた兵士に比べれば、かれらにできることは限られているだろう。でも自動小銃という武器はいっぺんに何人もの人間を殺すことができる。しかも、一〇歳の子どもでもかんたんに使いこなせる。ジェット機一機を購入するお金があれば、そういう自動小銃で武装した若者たちの軍隊を組織することができる。先進諸国がどんなに高性能の兵器で対抗しようと、貧しい国の若者たちは何年でも戦いつづけるだろう」。

『未来のたね』は、少年向けに書かれた未来予測の本である。戦争に関する近未来予想はさっそく当たってしまったわけだ。科学の進歩、地球、人類、宇宙……これから予想されることを、近未来から大宇宙の消滅に至るまで、わかりやすく良心的に解説した本である……。

こういう本を私も子どものころ読んだ。小学校の低学年だったと思う。科学の進歩をもとに、月や火星への旅行が描かれ、さらに太陽系の外までも人間が飛び立つ。アインシュタインの相対性理論にのっとって、高速宇宙船のなかでは時がゆっくりと流れ、宇宙飛行士は地球に戻って自分の子孫と再会する。バラバラになるまでくり返し読んだその本は、科学への信頼と夢に満ちていた。

今も本の後半は同じだ。人類は地球から飛び立ち、惑星を開拓し、銀河系に進出する。書いてある内容だってたいして変わりやしない。しかし、本の前半、近未来の予測は、何と変わってしまったことだろう。人口爆発や環境汚染、エネルギーの枯渇《こかつ》と、おそらくそれに対処できないままの人類、地球温暖化による、「環境難民」の発生。そして、終わりのない貧困による餓死やテロや民族紛争。かろうじて近未来の予測のなかで明るいのは、ITやバイオだが、これもすぐに倫理の問題と抵触《ていしょく》して、暗雲ただよう。太陽系の老後を心配せねばならない遠未来に行きつく前に、人類が滅亡する確率の方がずっと高そうだ。

もうひとつ変わったものがある。それは本を読む子どもの像だ。こういう趣味のいい理科系の少年本を読むべき対象として、自立的な科学少年というのが以前にはあった気がする。賢くてゲームが好きで、ゆくゆくは良識ある市民や科学者になっていく子どもたち。ハリー・ポッターやその仲間みたいな少年たち。世界に対し自分は何かよいことをなし得るという手応えを、子どもの時から確信している少年たち。

私がそういう子どもだったかって？　いや全然。本が「ぼく」「ぼくたち」「きみ」という人称を使って訳されていて、それがこの本の大きな魅力になっているのを見てもわかる通り、少なくとも日本では、こういう本は男の子に顔を向けていた。今でもこの本はその伝統にしたがって書かれているのである。作者はオスロ出身でノルウェーで出版されたらしいから、ノルド語で読めばまた違うのかもしれないけれど。

でも、いまそんな少年――まあ少女でもいいが――は絶滅の危機に瀕しているんじゃないか、と心配になってしまう。ゲームが好きな少年は今や現実世界の心配よりコンピュータグラフィックの世界に忙しい。世界のことを真剣に考えるなんて、およそ今の日本人らしくないし、今の子どもらしくない。

どんな子どもがどんな風にこの本を読むのだろうか。暗い近未来のディストピアをどのような気持ちで想像するのだろうか。暴力の手応えにくらべて、あまりにも手応えのない理性を、こういった本で育てることができるのだろうか。

本から感じられる良識や理性の健康さに、むしろ私は今の子どもとその未来の危うさを突きつけられる気がするのである。

「できる女」と「かわいい女」の間で募る主婦の不安

『アップルパイ神話の時代――アメリカ モダンな主婦の誕生』原克著（岩波書店、二〇〇九）

実録　教養　心理

戦後のアメリカホームドラムにみられるような生活様式――冷蔵庫の冷凍食品をオーブンで温め、電気掃除機で掃除をし、美しい家でパーティーを開く生活は、ながらく日本の主婦の羨望《せんぼう》の対象であった。

インテリアは明るくきれいに整っており、台所も整然。いつでも化粧して美しい。賢く夫を助け、でしゃばりもせず、子どもをしっかり育てる妻。夫や子どもの喜ぶ顔を見るのを最上の喜びとする妻。今では、パロディーか悲劇としてしか描きようもないが、こういう主婦像は二〇世紀のかなりの間、強力な神話として作用してきた。

では、モダンなアメリカ主婦のイメージは、どのように二〇世紀に登場してきたのだろうか。著者はメディア論や表象文化論を専門とし、アメリカの家庭雑誌の広告を対象に、その中に描かれる主婦の表象について分析している。

まずは、『グッド・ハウスキーピング』誌や『ウーマンズ・ホーム・コンパニオン』誌の古い広告写真がたくさん使われていて——広告の分析なのだから当然だが——それだけで十分魅力的である。二〇世紀前半のこれらの雑誌に掲載されたキッチン用具や食品の広告が、この本には一〇〇枚近く掲載されている。

「第一次世界大戦あたりを境に、家庭用製品の広告から家政婦の姿が消えてゆき、代わってなんでもやる家政婦妻（メイド・オブ・オール・ワーク・ワイフ）が登場してくる」と著者は言う。一九一三年の雑誌では、床用ワックスの広告で床を磨いているのは家政婦だが、同じ雑誌の、「ユリイカ電気掃除機」の広告で掃除機をかけているのは主婦本人である。家政婦がいなくなった家庭の中で、主婦は新しい道具を使って、時間とお金を節約し、家事を行うようになっているのである。ここでは、家政婦の代わりに新しい科学による道具を使いこなす、台所技術者（キッチン・エンジニア）としての賢い女性像が描かれている。

一方でハンドクリームの広告は「滑らかな手は多くを語ります。でも、赤く腫《は》れあがってザラついた手は、醜く、女性らしくないものです」と語る。広告の女性の顔は不安気だ。女主人でありながら清掃婦であるというライフスタイルの問題が「不安を煽《あお》る」ターゲットとして狙い定められている。そして「貴女の手を絹のように、ピンクがかった色ツヤにして、男性の心を一生つかみとりたくはありませんか？」と広告は問いかける。家事労働は、女性一人の仕事になっていて、効率的にやるべきものだが、一方「女性の魅力である身体性」を棄損するものとして描かれている。

二〇世紀型主婦、すなわち「モダンな主婦」は「できる女」と「かわいい女」の二つの柱から語られていると著者は言う。このイメージにとらわれる限り、主婦は充足することなく不安な状況に置かれ続ける。そして、広告はこの不安に対して、新製品を家庭に導入することで解決できますよ、と欺瞞《ぎまん》をささやき続けるのである。

一九五〇年代には、この路線は最高潮に達し、「モダンな主婦」の理想型が実際にあらわれる。完璧《かんぺき》なアップルパイが焼ける、美貌《びぼう》の主婦が「ミセス・アメリカ」として広告に笑顔で登場している。そしてパイ生地をおいしくするための特別なラードの宣伝をしている。この辺の分析はちょっと盛り上がりすぎな気もするが、写真はパワフルである。

今の日本の女性向け家庭誌の広告のことを考えたり、主婦論争のことを考えたり、いろいろ新しい考えの湧《わ》く本なのである。

世界の破綻は食い止められるのか？

『スウェーデンに学ぶ「持続可能な社会」安心と安全の国づくりとは何か』小澤徳太郎著（朝日新聞社、二〇〇六）

実録

教養

高度経済成長が始まった子どものころ、私は大人って何て偉いのだろうと思っていた。本を読むと石油はたった五〇年でなくなると書いてある。でも自動車を作ればガソリンがいるし、それに合わせて石油を掘っちゃったら、いつかなくなることは目に見えているわけだ。今から何十年先にどうするのか計画を立てておかなくちゃ、日本はどうしようもなくなっちゃう。でも、みんなそんな心配をせずに暮らしているみたいだから、誰かがそういうことを考えてくれているに違いない。世界が破綻しないように回していくには、ものすごくたくさんの知恵がいるのだろう、うちの親や私の知ってる大人とは全然違った、子どもの何百倍、何千倍もの知識を持った人たちがすべてのことを考えて、社会を動かしているのだろうと私は漠然と思っていた。

しかし、少し成長してわかったことは誰もそんなことはしていないということである。実際には地球の資源を使って相変わらず全世界的に一種の「焼畑農業」が行われている。世界の行方《ゆくえ》に誰も責任を負っていない――そういう恐怖の現実があることを知ったときには私はかなりショックを受けた。子どもが自分の未来の安全を託すことのできるような賢人などどこにもいない。実際には世界のほとんどの部分は、先の見通しなく動いており、時には個人の欲望や特定の集団の利益などによって、破綻をきたす方向にも容易に誘導されるという現実に、私たちは日々晒《さら》されている。

本によると、sustainable development――持続可能な開発、発展という概念は、環境問題におけるひとつのキーワードである。国連の「環境と開発に関する世界委員会（WCED）」の出した一九八七年の最終報告書は「未来の世代がその世代のニーズを満たすための能力を損なうことなしに、今日のニーズを満たすような開発」と説明している。換言すれば、世界の未来に責任を持とう、少なくとも未来の世代に選択の余地を残そうというなかなかしんどい概念なのである。

スウェーデンはこの「持続可能な開発」を国策として現実化する世界の最

先進国である。二〇世紀の「福祉国家」から、一歩進んで九〇年代にはスウェーデンは「生態学的に持続可能な社会」という表現を好んで用いるようになった。現在、国際自然保護連合（IUCN）の「国家の持続可能性ランキング」の評価ではスウェーデンは世界一八〇か国中の一位にランクされている。ちなみに日本は二四位。アメリカは二七位。スウェーデンでは七〇年代から二〇〇〇年までの三〇年間にわたってGDPの着実な成長にもかかわらず、最終エネルギー消費は横ばいである。

だからといって経済や生活が停滞しているわけではない。さらに二〇〇二年くらいまでの統計を見る限り、ここのところ、スウェーデンは経済成長、国際競争力、環境政策、さまざまな生活の質の指数、いずれも好調である。少子化の問題についても、対策に比較的成功している先進国のひとつといえるだろう。

スウェーデンといえば高負担高福祉、また男女平等、国民総背番号制の国、というのが一般的な印象だが、実際には一九九一年から九三年に「経済のマイナス成長」「高失業率」「GUPの一二％を超える財政赤字」「経常収支の大赤字」の四重苦の深刻なバブル崩壊を経験した。しかしそこからの速やかな回復の後、スウェーデンは福祉国家に留まることなくラディカルに前に進みつつある、というのがこの本から受ける印象である。

もちろんそれを支えるのが二五％の消費税、時には収入の約五〇％にも達する税金である。税の使用に関する透明性がこのような高率の税を支えているというのは、本書だけでなく多くの識者が指摘しているところだ。私も二回、調査でストックホルムに行ったのだが、国際的に新しい政策を提言し、世界をリードすることそのものが、この国の意識的な戦略であることも感じられた。

いまや日本でも、持続的な開発、あるいは持続的な社会という言葉は、役所だけでなく、ＮＰＯ、環境産業、伝統産業、さまざまな分野で、かなり情緒的にまた商業的にキャッチフレーズとして使われている。なかには持続的「開発」のほうに表現の力点が移っているのではないかと思われるものもある。

『スウェーデンに学ぶ持続可能な社会』の著者はスウェーデン大使館に二〇年以上勤めてから環境問題スペシャリストとして活動を始めた人である。スウェーデンの政策については熟知しているから、このような「持続可能」

という概念に対する、日本の曖昧《あいまい》な受け入れぶりに腹が立ったのに違いない。

人類史上、世界をコントロールしようとした国はいくつかあったけれども、世界の未来の責任を負おうとした国はひとつもなかった。それは実は途方もない企てだと私には思える。少なくともその価値はこの本から十分に伝わってくる。

少女の人生を奪う戦慄の伝統文化

『砂漠の女ディリー』ワリス・ディリー著／武者圭子訳（草思社、一九九九）

実録 人生

ワリス・ディリーは現在ニューヨークで活躍する黒人トップモデルである。そして国連の特別大使も引き受けている。

一九九七年のイタリア版『マリ・クレール』に載ったワリスの写真が本の表紙になっているが、白いスカーフを髪に巻き、漆黒《しっこく》の肌に白のシンプルなシャツを着て、端正な顔立ち、強いまなざし、たくましくて気品のある首と肩――モノクロで美しい。

ワリスは、ソマリアの遊牧民の娘に生まれた。誕生日もはっきりとはわからない。父と母と六人の子どもがワリスの家族だった。一家は牛と羊と山羊とラクダとともに、草と水を求めて砂漠の中を移動していた。夜には、お互いの体をくっつけあって暖を取りながら、砂漠に敷物を敷いて寝るのである。

何千年も変わらない遊牧民の暮らし。電気も自動車も文字もない暮らしが、学者や行政官の目を通してではなく、一人の少女の目を通して具体的に語られていて、それだけでも魅力的である。しかも、それは最近まで実際に行われていた生活なのだ。

ワリスが一三歳の時に、父はラクダ五頭と引き換えにある老人との結婚話を決めてくる。

多くのソマリアの娘はここでおとなしく結婚するのだろうが、「反抗的」なワリスは、明け方、家族から逃げ出す。砂漠を走り、強姦されそうになった男の頭を石で殴って、町にたどり着く。それからワリスはメイドとしてロンドンに行く。そして仕事中に写真家に見出される。

英語も知らず、町を見たこともない砂漠の少女が、メイドをしたり、マクドナルドで働いたりしながら、世界中を回る有名モデルになっていく。一種のサクセスストーリーのはずなのだが、ワリスの語り方はそんな風ではない。たぶん、それはこの本のもうひとつの主題である割礼《かつれい》——女性性器切除の問題のためだろう。

アフリカを中心とする女児の性器切除の習慣の廃絶は、国連の行動目標にも掲げられている。私はこれまでその具体像を知らず、西欧文化の横暴があるような気もしていた。が、この本を読んでショックを受けた。

ソマリアの割礼はクリトリス、小陰唇の全部、大陰唇の大部分を切り取り、縫合するものである。不衛生な刃物やガラスのかけらや歯を使って、もちろん麻酔なしで肉を削《そ》ぎ取る。ワリスはアカシアの棘で皮膚に穴をあけ糸で縫い合わせられた。尿と経血のためのマッチ棒ほどの穴があいているほかは、縫い合わせた傷だけになり、結婚するまで処女であることが保証される。割礼をしていなければ、結婚できないし、結婚できなければ女の生きる道はない。

割礼時の出血や感染でたくさんの少女が命を落とすし、生き延びても穴が小さければ、一回の排尿に一〇分もかかってしまうし、月経痛もひどく何日も続くことになる。尿や経血が出てこなければ、もちろん深刻に健康を損ねる。縫い合わされたところは、結婚式の晩に夫がナイフで切り開くか、力ずくで押し入ってくる。縫合のために出産ができなくなって、死ぬこともある。

恐ろしい話だ。読んでいると戦慄《せんりつ》を覚える。「伝統文化」かもしれないが残酷すぎるし、男にだけ都合よくできている。

ワリスの姉の一人は割礼のために死んだし、もう一人は妊娠中に砂漠で死んだ。ワリスの母も内戦で被弾した。アフリカの女に生まれるとはなんと厳しいことなのだろう。

胸いっぱいの共感と、たっぷりのおっぱい

『巨乳はうらやましいか？――Hカップ記者が見た現代おっぱい事情』スーザン・セリグソン著／実川元子訳（早川書房、二〇〇七）

実録
人生

巨乳という言葉が誕生したのは一九九〇年ごろのことであるという。日本だけの現象かと思っていたが、アメリカでもヨーロッパでもそのころから巨乳が人気になったようなのである。

豊満すぎる胸があっちにもこっちにもいっぱい転がっている国で、巨乳願望っていったいどういうこと？　減胸手術の間違いじゃないの、という気がする。しかし、実際アメリカの豊胸手術は年間二〇万件もあって、ハーバード大学医学部やベス・イスラエル病院といった流病院の一流形成外科医も、こういう手術にかかわっているらしい。

「現代おっぱい事情」と副題がふってあるとおり、この本は「おっぱい」を持つ者の立場から、きわめてまっとうに、おっぱいについて取材した本で

ある。その成り立ちについて、ブラジャーについて、持ち主の心理について、巨乳で金儲けをする者やそれを消費する者の意識について、取材し検討していく。

著者は、小柄で細身なのにHカップの乳房を持つ女性ジャーナリスト。バスト96センチ、アンダーバスト68センチ。Hカップの乳房は計3キロの重みになるそうだ。身体とバストのバランスは「小さな池にニミッツ級巨大航空母艦を浮かべる感じ」と表現されている。人が顔を見ないで胸だけ見る。おっぱいの重みで肩がこる。ストラップが食い込む。いろいろなことが起こってくるのもわかる。このおっぱいは長年にわたって本人にとって心理的な負担になっていた。

ちなみに訳者も乳房文化研究会の運営委員をしている女性研究者で、この本の翻訳者としては最適の人である。スラング続出の原文翻訳に奮闘している。

巨大なブラジャーの話から始まる本の前半は、おっぱいを持ち、ブラジャーと長年付き合ってきたすべての人にとって、共感しながら読める楽しい話である。ワコールという会社名が、ソニーとかトヨタのように、アメリカの下着の話に登場するのにもちょっと感動する。

本の後半の主題は豊胸手術。美容整形によってIカップやOカップに乳房を拡大して、ギネスに登録されている女性たちの話が始まると、さらに本はエネルギーを増す。でも少し気持ちは暗くなる。

Oカップと言われてもピンとこないし、バストが156センチ、ウエストが66センチと言われてもまだよくわからない。でも書評の資料にしようと思って探したネットのページに、彼女たちの写真があって、私はショックを受けた。細い体にものすごく不自然に真ん丸な半球が二つくっついている。マンガに出てくる、体の幅の二倍くらいあるメロン型おっぱいをもった女の子とそっくりだが、生体だと異様な感じがする。そういう胸は複数回の豊胸手術で作られる。「できるならもっと大きくしたい」「マンガみたいになりたい」というのが本人の弁だったりする。

一回やりだすとやめられなくなって、やり過ぎまで行くのは、ファッションにはよくあることだし、キワモノとしての営業のニーズがあるのかもしれない。けれどこのバランスの悪さには、リストカットや薬物大量服用みたいな自傷行為の雰囲気が濃厚に漂っている。

豊胸手術で儲ける医者、あやしい塗り薬を頒布する民間療法家、巨乳の周りに屯《たむろ》する男たちのインタビューが続く。おっぱいに絡まる妄想をいくら扱っても、不愉快な感じがしないのは、本の視点が一貫して、おっぱいを持った者の側にあり安定しているからだろう。

第2章

あなたと私は遠くて近い

都合の悪い対人関係に耐えるのがへたくそな現代人

『ペットと日本人』宇都宮直子著（文春新書、一九九九）

実録
教養
人生

「愛玩動物へ向けられる意識は両極化している」

著者はそう分析する。

片方にペット・ロス症候群があれば、もう片方には相変わらず、捨てられて処分されるたくさんの動物がいる。子犬の足が切り取られていた事件はまだ耳に新しい。愛玩動物の擬人化とモノ化の両極化が進んでいるのは確かだろう。

ペット・ロス症候群とは、ペットの喪失によって起こってくるさまざまな心身症状のこと。人間が愛する人を失った時と等価の症状が起こってくる。不眠や食欲不振、抑うつなども起きてくる。実際に私もそういう人に会ったことがある。

ペットが人間とは境界線を引いた動物ではなく、家族の一員のように扱われるのは普通になった。家族の一員ならば、失った時の悲しみもまた人間に対するものと非常に似たものとなるのは当然のことである。

著者によれば、ペットに対して「コンパニオン・アニマル」という表現が使われだしたのは一九八五年ころだという。「飼い主の中には、他人からペットを犬、猫と呼び捨てにされるのを嫌う人もいる」。

一方、家庭で飼われていた犬が「手に負えなくなった」とか「吠えるから」というような理由で処分センターに連れて来られる。一時爆発的な人気があったシベリアン・ハスキーが収容所では「めずらしくない犬種になっている」。本来の性質を理解されないまま、「飼いにくい」という烙印を押されて、簡単に飽きられたのだと言う。

ぬいぐるみと生き物は違うということがわからない人に、犬を飼う資格はないと著者は嘆く。ひと夏だけファッションで犬を飼って、そのまま処分してしまう人がいて批判されているのはアメリカでも同じだそうである。

本当のところは二極化ではないのではないか。本を読み終えるころ私は思った。動物の擬人化も、生き物への共感を欠いたモノ化も、どちらも同じ現代の対人病理の表れのような気がする。

最近、不安定な若い人に「子どもを産めば、気持ちがなごんで、さびしくないんじゃないだろうか」と聞かれたことが何回かあって、そんな自己中心的な気持ちで子どもを育ててもらっては困ると思った。「子どもはペットじゃない」と私はそのとき思ったのである。

ペットは裏切らない。飼い主を捨てない。飼い主を脅《おびや》かさない。安定した愛情を飼い主に向け、飼い主に頼りきっている。でも手間をかけなさせないし、飼い主より強くなることは永遠にない。これは親に都合のいい子どもの像とそっくりである。

人に捨てられること、人に脅かされること。みんなこういうことに耐えるのがへたくそになってしまった。そういう人には、子どもよりペットの方が安心だ。

そうして捨てられることをまったく受け入れられない一方で、相手には相手の世界があると考えられない人も増えている。他人が、自分と同じ大きさの感情や希望を持って、それぞれ生きていることが理解できずに、モノのように扱う。ペットももちろん自分が利用する便利な「モノ」である。二つのことは根底でつながっている。

現代の問題だけでなく日本の動物観の歴史も説明されていて、「ペット」と私たちの関係について深く考えさせる本である。

ぜひこの本で、勉強をはじめてください

『セクシュアル・ハラスメント対策』山田秀雄、舟山聡著（日経文庫、一九九九）

働く

実用

心理

セクシュアル・ハラスメントという言葉が、新語・流行語大賞の新語部門で金賞を取ったのは一九八九年のことだそうだ。以来「セクハラ」という下品な略語があっという間に社会に広まった。

そして、一九九九年四月には改正男女雇用機会均等法が施行され、セクシュアル・ハラスメントに対する事業主の配慮義務が規定された（法律用語ってどうしてこんなに人の読む気を削《そ》ぐような言葉の羅列になっちゃうんだろう）。会社の中で行われる性的な言動によって、女性が不利益を受けたり、働く環境が害されたりしないように、雇う方は配慮する義務があるということになった。（※二〇〇七年四月施行の改正では、セクシュアル・ハラスメント防止の条項がさらに強化されている）。

え、じゃあ、帰りがけに「一杯どう?」って誘っちゃいけないの? 「最近きれいになったね」って言っちゃいけないの? セクシュアル・ハラスメントが人権の侵害なんだ、なんてことはどうでもいいと思っている会社の課長さんも、もしかしたら訴えられるかもしれないんだと知って、すごく心配になってくる。

こういう人がとりあえず知りたいのは、セクシュアル・ハラスメントの理念ではなくて、どうやったら訴えられないで済むのか、ということだから、あくまでハウツーなのだ。もうちょっとかっこよく言うとリスク・マネージメントとしてセクシュアル・ハラスメントの問題を捉えているのである。

というわけで、この一九九九年前後からは、企業向けのセクシュアル・ハラスメント対策の本が多く出版されるようになったのである。本書も日経文庫というきわめてふさわしい出版社が作った本である。とにかくきちんと対策をとらないと、訴えられて企業イメージが失墜しますよ、訴訟対策で金がかかりますよ、会社全体の士気にかかわりますよ、と脅かしながら、じゃあそういうリスクを回避するにはどうすればいいんだろう、と実用的に解説する姿勢は徹底している。

私はこれはこれでいいと思っている。もともと法律って、最低限のルールを守らせるためにあるものなのだから、罰則に怯えてでも、会社の営業成績の心配をしてでも、守ってもらうのが先決である。ぜひこういう本から勉強を始めてください。

　たとえば法律に人を殺してはいけないとは書いてあるけど、人を愛するにはどうしたらいいかなんてことは書いてないんだから、法律ができたらといって、ジェンダーについて、女性の人権侵害について世の男が一斉に考えだすわけはない。とりあえず、何でこんな面倒な世の中になったんだと文句を言いつつ、女性差別の現状に目覚めていってもらおう。

　本書によればセクシュアル・ハラスメント問題の啓蒙《けいもう》ビデオをダイエーは脚本から出演までぜんぶ社内で作ったそうだ。きっと制作過程でセクシュアル・ハラスメント問題についての理解が深まっていったに違いない。「内容の優劣を越えて価値のあること」と著者は言うがその通りだと思う。

　え、でもアフターファイブに誘っていいかどうかやっぱりわからないって？　それは、基本的には誘いたい相手に聞いてください。日本の男性は、怖がり出すとどうすればいいかという正解ばかり（ハウツーばかり）求めて、相手がどう思っているのかよく聞くことを忘れる。そうして相手を怒らせる。悪いくせだと思います。対話こそが真の解決の道なのに。

人の善良さとは反対の特殊なコミュニケーション

『証言の心理学　記憶を信じる、記憶を疑う』高木光太郎著（中公新書、二〇〇六）

実録

心理

裁判で証言する――ドラマや映画ではよく見るシーンだけれども、自分でやったことのある人は少ないかもしれない。私は何回か証言したことがあるのだが、最初はとまどった。

別にうそを言うつもりもなく真摯《しんし》に話しているのに、すべてを疑ってかかる人がいる。私をわざわざ呼んだくせに人の素性《すじょう》について問いただす。普通の会話の感覚で言うと、とても無礼である。

そのうちに、裁判っていうのは格闘技なんだ、と私なりに納得した。穏やかな共感的なコミュニケーション――それは普通は、人の善良さを示すものである――とは反対のことをやっている、特殊な場所なんだ、と思うようになった。

普通は、正直に落ち着いて話せば、共感的に「なるほどね」と聴いてもらえるものである。少なくとも人はそう思っている。当然だろう。「昨日、おいしい日本酒を飲んだよ」と言われれば、日本酒の銘柄や、店の話に進んでいくかが普通であって、飲みに行ったことがなぜ証明できるか、どうしておいしかったと言えるのか、というような質問はしないからである。普通のコミュニケーションとはそういうものである。

著者は言う。「証言では語られた記憶が聞き手に素直に受け入れられることはまずない。この点で証言はすでに非日常的な行為である」「証言とは単に過去を思い出し、語ることではなく、人を信じることをめぐる厳しい葛藤《かっとう》をはらんだコミュニケーションのなかに身を置くことでもあるのだ」。

その通りですねえ。

捜査や裁判ではひとつの記憶をくりかえし話すことになる。厳しく質問され、吟味されていく記憶はどんどん真実に近づいていくのだろうか。

残念ながらそうではない。記憶は、その時の状況、その後の状況、再現される状況それぞれに影響を受ける。

「凶器がある目撃状況では犯人の顔の識別が難しくなる」とか「目撃の時

間が短いほど、想起することが難しくなる」とか「目撃証言は、質問の言葉づかいに影響される」ということは、この分野ではまず間違いないと考えられているらしい。

証言は、一方で「記憶と想起」という心理学の一大課題と直結しているのである。

さらに、自分がこれは絶対確実だと思っているからといって、その確信の強さと、記憶の正確度は必ずしも比例しないという研究の結果もある。「包丁を買いに来たのはこの人に間違いない」と確信できても、その確信そのものは記憶の正しさを保証してくれない、というわけである。

じゃあ、証言なんて何も信用できないのか。

これもまた、短絡的な考えであることを著者は示している。

たとえば、ある人がナイフを持った犯人の顔を覚えていると証言したとしよう。「凶器がある状況では犯人の顔の識別が難しくなる」ということが正しくても、それはすぐこの証言が間違いだということにはつながらない。この証言は正しいかもしれないし正しくないかもしれない。

実験で得られる「普遍的な知識」は、ひとつの事件における証言が正しいか否かについて、決着をつけてくれるものではないのである。

日常と裁判と科学では、それぞれコミュニケーションが違うし、記憶の信疑のあり方も違う。そういう認識が必要だ。

書いてあることの本質はかなり難しいことなのだが、読みやすくてかつ真摯な書きぶりで好感が持てる。

人種差別の時代を生きた褐色の歌姫

『歌姫あるいは闘士　ジョセフィン・ベイカー』荒このみ著（講談社、二〇〇七）

実録　教養　人生

「琥珀《こはく》の女工」ジョセフィン・ベイカー。卓越したダンサー、歌手として、また混血孤児の養育を目指す社会事業家として、それからレジスタンス運動に加わり人種差別と戦った闘士として、ジョセフィンは紹介されてきた。二〇〇六年は生誕一〇〇年に当たり、海外でも彼女にかかわる出版や音楽の企画などがあったようである。

本に載っている古い写真を見ると、スリムな体格に切れ長の目。パワフルな体格と表情を想像していると意外な感じである。声をインターネットで聴いてみたが、やはり繊細なシャンソン向きの声だった。

本書は、彼女の多彩な側面の中でも、特に人種差別と公民権運動とのかかわりに関心を持って彼女を描いている。

著者はアフリカン・アメリカン研究を専門とする研究者で、記述は理性的で読みやすい。また、当時のアメリカの人種差別の実態や、フランスの第一次大戦後の文化の状況などが、普段あまり知ることのない角度で見えてくることも楽しい点である。

一九〇六年、ジョセフィン・ベイカーはセントルイスの貧しい町に生まれた。リンカーンの奴隷解放宣言から半世紀のころである。

解放宣言以降も南部諸州は、通称ジム・クロウ法を維持していた。ジム・クロウ法は有色人種に対して、白人との結婚や選挙権、バスやレストランでの同席などを制限する実質人種差別維持法である。一九六四年の公民権法の成立まで、実際は奴隷解放宣言の後一〇〇年にわたり、法律上も人種差別が行われてきた。その法律下、一九五〇年代から六〇年代にかけ、キング牧師などをリーダーとして、バス・ボイコット運動やワシントン大行進などに象徴される公民権運動が展開されていく。

ジョセフィンは、まさにこのジム・クロウ法の時代に育ち生きたアフリカン・アメリカンだといえる。彼女は、最初しばらくミュージカルのダンサーを務めていた。この時代の黒人ミュージカルは、「クーン・ショー」と呼ばれるもので、黒人が、白人の目から見た滑稽《こっけい》な黒人を面白おかしく演じる。黒人のダンサーの出演できる舞台はこのようなものしかなかった時代であった。十代の若いジョセフィンも、顔をさらに黒く塗り、寄り目をし、大きな靴をはき、愚かな黒人の小娘の役を演じていた。白人に「期待される黒人像」を演じていたのである。

このジョセフィンを見出して、黒人のショーをパリに持ち込もうと考えた白人女性がいた。

パリ公演は大成功であった。一九二〇年代、第一次大戦後のパリのミュージックホールで、ジョセフィンはほとんど裸体——写真を見ると上半身は全くの裸である——になってダンス・ソバージュ（野生の踊り）を踊り、また歌い、「その自然の力の奔出にパリの観客は熱狂した」。パリではジョセフィンは、アフリカの野生の美を体現する「黒いヴィーナス」であった。

当時フランスでは、アフリカはヨーロッパ文明から遠い未開の暗黒大陸であると同時に、未開のアフリカ文化にエキゾティックな憧《あこが》れを抱き「高貴な野蛮人」を理想化するという両極端な思いが同居していたという。この後者のほうにジョセフィンの野性的なショーはぴったりはまったのである。

もちろん、今の移民問題にゆれるフランスを考えてみれば、フランスに人種差別がないはずはなく、ジョセフィンは、ここでも一種の「期待される黒人像」を演じることを要求されていたことには変わりはないと言えよう。しかし、その踊りはエロスと力強さに満ちていて、「人種差別的なステレオタイプをたくみに茶化す」ことができた。

ジョセフィンはアメリカに帰国した時には、有色であるゆえにホテルに泊まることを拒否されたり、レストランで無視されたり、という体験をする。フランスのレジスタンス活動にも協力した彼女は、このような体験から、やがて、アメリカの人種差別を世界に訴える決意をする。運動体と関係を持ち、公民権運動のパイオニアとなり、講演活動を行うようにもなっていく。

ジョセフィンは、一九五四年、四七歳の時に、来日している。そしてエリザベス・サンダース・ホームの二人の混血孤児を養子としてパリに連れ戻った。

本書の記述を心理的に見ると、ジョセフィンは、論理的でも思索的でもなさそうである。心理的に安定した人には見えず、感情的で、自分の理想に向かって突き進む人である。

でもそういう人でなければ、舞台の上で、差別や偏見を逆手に取って自然に踊ることはできなかっただろう。黒人禁止のレストランに敢《あ》えて食事に行くこともしなかっただろう。歌姫が差別に出会っていくうちに、差別と戦う闘士になった、という感じである。

ハラスメントの本質を知るための入門書

『壊れる男たち――セクハラはなぜ繰り返されるのか』金子雅臣著（岩波新書、二〇〇六）

働く
教養
心理

セクハラやドメスティック・バイオレンスの解説書を男性に読んでもらうのは至難の業《わざ》である。ほら、こう書いただけで嫌になった人もいるでしょう？　理解してもらうのはさらに難しい。専門家や会社の人事担当者ならともかくも、普通の読書好きの男は、この系統の本にはなかなか手を出してくれない。

一種の平板さや、行間から立ち上る女性著者の怒りが予見されて、要するに面白くない、知的なレクリエーションにならない、と感じているのではないか、と想像する。それに自分が責められるように感じられ、既得権を奪われる話は、誰にとっても面白くないものだろう。

この本はひとことで言うなら普通の男性向けのセクハラ解説書である。著者はあちこちに共感しつつ気兼ねしつつ、読んで納得させる努力を重ねている。男性からの視点に立ったわかりやすい書きぶりによって、読む気になる男性が増えるのであれば、ぜひ読んでもらいたい。もちろん男性からの視点とは、セクハラする人からの視点ではない。念のため。

いまやセクハラという言葉は知らない人はいない。部下の女性を二人きりの食事に誘うのは危ない程度のことは、新聞くらい読む男なら全員が知っているだろう。その説明には実は納得できていないところがあっても、少なくとも犯罪と同じで、やったらまずい、自分が危うい、くらいのことはみんなわかっているよね――多くの常識人はそう思っているようなのだが、ところが違うのである。本には単純強烈なセクハラの例が次々と登場する。

ある中小企業の社長が、離婚した女性を面接で気に入って会社に採用した。やがてセクハラ相談に訴えられた社長はこんな風に言う。離婚している女なら大人だし、きっと寂しいにきまっている。手を出したって、本気で嫌って言われたわけじゃなかったし、その分面倒を見てきたし、何でセクハラで訴えられなくちゃいけない。好意だったのに。

私が実際に臨床で出会うセクシュアルハラスメントの多くも、こんなことしたら危ないかも、なんて加害者が考えた形跡が全くないことが多い。あまりにあからさまな性的偏見を読むだけでも、いい加減にして欲しいと言いたいようなケースなのだが、実際にこういう人が絶滅する気配はない。

とりあえず、なぜ悪いかは別として、やっちゃいけない、と思ってもらおう――企業向けのセクハラ対策やセクハラ解説などは、そういう路線で書かれたものが多い。「今時ちゃんとセクハラ対策をやらないと、御社のご損になりますよ」。人に深く刷り込まれた認識を変えるのはとても難しい。それならまずは行動レベルで。が、そのような方法の限界が、そろそろ露呈しつつある気がする。

行動レベルで押さえ込まれることへの苛立ちや怒りの反応が、ジェンダーバッシングの動きにつながっているし、一方で、わかりやすすぎるセクハラがちっともなくならない現実を作ってもいるのだろう。

セクハラを理解するには、性差別の問題とともに、パワハラ、パワーハラスメントの構造の理解が必須である。差別と権力の乱用――古くからの問題がここにもあるのである。そのあたりも本書はちゃんと触れてある。こちらはマニュアルではない、ハラスメントの本質の理解に向けての入門書と言えるかもしれない。

ペニスを失なった少年の実話

『ブレンダと呼ばれた少年　ジョンズ・ホプキンス病院で何が起きたのか』ジョン・コラピント著／村井智之訳（無明舎／マクミランランゲージハウス、二〇〇〇）
（『ブレンダと呼ばれた少年　性が歪められた時、何が起きたのか』として二〇〇五年扶桑社より再刊）

実録　人生　心理

男と女、自分がそのどちらに属するか——ジェンダー・アイデンティティは多くの人にとっては自明のものである。けれどもすべての人にとってそうというわけではない。身体的な自分の性別が、自分の心の性と一致しないこともある。

一九六五年、カナダのウィニペグの病院で一卵性双生児が生まれた。ブルースとブライアンは、普通の男の赤ん坊だったが、八か月の時、母親は二人の包茎に気づく。包皮切除はありふれた手術だったはずなのに、ブルースは医師のミスでペニスを電気メスで焼かれて失ってしまう。両親はペニスをなくした赤ん坊の将来を案じ、米国ジョンズ・ホプキンス病院の名高い性科学者ジョン・マネーに相談の手紙を書いた。

マネーはペニスのない子どもを女の子として育てることを両親に強く勧めた。性転換手術が行われ、ブルースはブレンダと名前を変え、スカートをはかされた。そっくりの双子は姉と弟として育てられ、問題のない幸せな生活を送っていることがマネーによって学会に報告された。このマネーの「双子の症例」はジェンダー・アイデンティティが後天的に獲得されることのまたとない証拠とされ、一九九七年まで、世界中でこの驚異的な症例のことが語られてきたのである。

一九九七年、二人の研究者ダイアモンドとシグムンドソンは『小児および青年期医学誌（「青年期」は本文では「成人」と誤訳されている。こんな基本的な言葉の誤訳はちょっと。読みやすくて面白い本なのに）』に論文を書いた。実はブレンダは女性のジェンダー・アイデンティティを結局受け入れず、一四歳の時に性を男に変えることを自ら決意し、デイヴィッドと名前を変えたことが論文に報告された。これは衝撃的なニュースだった。それまでの三〇年間、たくさんの曖昧《あいまい》な性器を持つ子どもや、ペニスのない男の子どもが性転換手術によって、女性として育てられていたからである。

これはすべて実話である。マネーとハワイ大学のダイアモンドの確執も本当のこと。ダイアモンドらの学術論文を基に、ジャーナリストのコラピントがデイヴィッドに取材してできたのがこの本である。全米ベストセラーとなったあとも、学問的論争は続いているようだ。

ペニスを取って、もちろん睾丸《こうがん》も取って男性ホルモンが出ないようにして、女の子として育てて、さらに女性ホルモンを投与しても、デイヴィッドは自分が男だというアイデンティティを持った。でも、これは生まれた時の身体がすべてを決定するということではない。実際、遺伝子形は男性で、完全な女性形の身体を持って生まれ、女性として育てられ、それでもアイデンティティは男性という青年も本書の中で紹介されている。

脳や性の発生の生物学的研究によって「先天的」という言葉は解体されつつある。性のアイデンティティの形成には、胎児における脳の性の分化が重大な役割を担っているのだが、こういう「先天的」な問題にも、遺伝子だけでなく、ホルモンやその動態に関わる多数の要因が存在することがあきらかにされてきた。もちろん「後天的」な要因も存在するから、性のアイデンティティの分化とは実は非常に複雑で多様な結果を持つものなのである。ブレンダ↓デイヴィッドの成長の写真を眺めつつ、男↓女の単純図式を改めよう。

喪失を乗り越えてたくましく生き残るのは女

『一瞬でいい』唯川恵著（毎日新聞社、二〇〇七）

人生　小説

この本を持って美容室に行ったら、シャンプー係のオシャレな女の子が「これ読みたいと思ってたんです」と話しかけてきた。若い店員の多いこの店で、私が持っている本に何か反応があったのは初めての経験である。前から唯川恵《ゆいかわけい》のファンなのだそうだ。「どういうところが好き？」と聞いたら「文章がうまいから」と答えが返ってきた。

確かにそうだ。この作家のほかの小説もそうだが、文体はすべすべして読みやすく、描写は上品である。

林真理子なら、油彩で絢爛《けんらん》豪華に描きそうな女の欲望が、明るい水彩で描いてあるみたい。直木賞受賞作の『肩ごしの恋人』も、現実からは飛躍があるところがむしろ「いい感じ」のお話に仕上がっている。欲張りさ加減は、昔話の大きなつづらを背負って帰るおばば並みだが、痛い目にあっても主人公はめげない。元気でめでたいお話である。

こういう恋愛小説なら若い人も読む気になるんだな、と納得する。女性の側から、欲望に忠実に前向きにとらえるところが「いい感じ」を醸《かも》し出していそうだし、最後は、結婚なんか信じていられない、自分で生きよう、ただお互いにいたわりあおうという、現代としては大変健康的な結論にたどり着くところもよい。

『一瞬でいい』はこれまでの著者の作品とは少し趣を変えた長編小説である。著者と同じ世代に物語は設定されている。

昭和四八年に淡い恋愛感情を持ち合っていた男女ふたりずつの高校三年生四人組が、浅間山に登る。途中、滑落事故が起こり、救援を呼ぶために山を下りようとした男性が命を失い、ほかの三人はけがを負った一人も含めて救助される。

この喪失体験が、将来にわたって残りの三人の人生に影響を与えていくことになる。一八歳、二九歳、三七歳、四九歳それぞれの時の三人の人生の交錯が描かれる。

一人の女は銀座のバーのママに、もう一人は、フランスの大学を出てフランスの化粧品の広告担当に、もう一人の男は、流転の末、父親の不動産会社を再興する。それぞれに才能にあふれ美しい三人の男女が、能力を発揮し成功をおさめながらも、運命に引きずられて邂逅《かいこう》し、影響を及ぼしあう。河のように三〇年の時が流れていくところは、ジェフリー・アーチャーの『ケインとアベル』や『ロスノフスキ家の娘』のような大河娯楽小説を思い出させる。

一方で、全編の全人物が「感情」にかかわり続けるところは、メロドラマの王道を保ってもいる。自分にとって大切な対象を失った時、人はほとんど自動的に、自分に喪失の責任があると感じる。「私があの人を死なせた」。そのサバイバーズ・ギルト——生き残った者の罪責感——がこの小説では強く書き込まれている。しかも、それが、エロティックな——というよりロマンティックなと言ったほうがよさそうだが——色彩を持った感情として描かれていくのが特徴だ。

そして最後に、喪失を乗り越えてたくましく生き残るのは、ここでもやっぱり女である。

喪失体験による自責感と長い時間とロマンティックな感情、この組み合わせはどちらかといえば『冬ソナ』や『君の名は』系の古典的メロドラマの要素である。そういうタイプの小説が好きな人には、晩夏の午後用にお勧めの一冊。

普通は、こういうハードカバーの長編を買わない若い読者にも新しい楽しみを手に入れるチャンスである。

多言語の習得を余儀なくされる子どもの内的経験

『小森陽一、ニホン語に出会う』小森陽一著（大修館書店、二〇〇〇）

実録　人生　実用

日本近代文学を研究する著者自身の言語形成史。こういうとカターイ感じだけれど、頭イイ。面白い。読みやすい。

著者は、小学校の低学年のときに、チェコスロバキア、プラハに家族とともに渡り、ソ連大使館付属のロシア語学校に転校する。ロシア語というのがまずめずらしい。六〇年代、まだソ連がしっかりしていたころである。

ふつう、人は自分が言語を獲得したときのことを覚えていない。でも著者の場合は、日本語をある程度使えるようになってから、ロシア語の環境に投げ出された。だから言語獲得の過程を概念的に（つまりふつうに）記憶することができたと言う。

子どもが言葉を覚える方法、すなわち、生活の中でひとつひとつ言葉を獲得して行く方法は自然で楽そうに見えるけれども、著者の経験によれば、外から見えるほど牧歌的なものではない。ロシア語環境に投げ出された小森少年は必死である。

「……そうしたことばの使い方を習得するには、とにかくロシア語を話しているクラス・メイトの一挙手一投足と、そこで発話されている音声との関係を観察し、耳をそば立てつづけるしかありません。言葉の発せられる一つ一つの場面に対して、異様に敏感になり、細かな観察をする癖がつきました。おそらく「母語」を習得しはじめるときの、一歳以後の幼児たちも、きっとそのようにして、周囲の大人の言葉を発する場面を、はかり知れないような注意力で観察し、どんなときに、どんな状況のなかで、どんなことばが発せられ、その結果どんな事態が発生するか、といったようなことを、必死で捉え、記憶のなかに書きこんでいるに違いありません」。

かしこい小森少年は、必死に観察し、理解することで、適応していく。でも、全体として、それは子どもの「必死の適応」であって、大人が今の日本で英語を習得できたときに感じるような自信とか、成功という感覚からは、ほど遠い。このあたりは痛々しい感じである。

最初はロシア語ができないために、クラスの最底辺に位置づけられ、言葉を獲得することがそのままクラスでの地位向上につながっていく。言葉は集団内の人のパワーを決めるのである。少年はロシア語が自由になるに連れて、最初自分に親切にしてくれた夜尿症の男の子を無視して、もっと順位の高い子と付き合うようになる。

筆者は六年生の時には、ロシア語で考えるまでになっていた。日本語は家庭で使っていたから読み書きできたが、子ども同士の自然な会話などを体験する場はなかった。また、チェコの不良少年と一緒に遊べる程度にはチェコ語も話せるようになっていた。つまりロシア語、チェコ語、日本語のトリリンガルになっていたのである。

そして、東京の小学校に戻り、公立中学に進学。日本に戻った彼は、「ミナサン。ミナサンハ、僕ノ日本語ノ何ガオカシイノデショウカ?」とクラスで質問して爆笑され、「現代の日本語は口語体で、話しことばと書きことばの一致した「言文一致体」である、という教科書に記されたウソに、そのとき身をもって気づかされることになったのです」と言う。

適応に苦労しつつ傷つきつつ、中学を卒業。学生運動のさなかにあった都立高校に進学。そしてこのとき、自分の不自然な日本語が、演説としてなら通じるという新鮮な体験を持つことになる。

そして北海道大学の文学部に進学し、ビラとタテカンで日本語作文を練習し、成り行きからいちばん苦手だと思っていた国文科に進学する。

ここまでが、第一部、著者が「日本語に出会う」話。長くなっちゃったけど、とても面白いんだもの。複雑な言語環境の中で多言語の習得を余儀なくされる子どもの内的経験が、歯切れよく説明されている。それにこういう環境におかれた子どものつらさや自信の持てなさも伝わってくる。

第二部、第三部には、小森先生が小、中、高校、アメリカの大学などで行った文学の授業のことが述べられている。『こころ』や『吾輩は猫である』、谷川俊太郎の詩『朝のリレー』、『どんぐりと山猫』などが取り上げられている。

著者は「ふつうの日本人」「ふつうの日本語」というものがあって、それは自分には手が届かないのだとずっと考えていたと言う。けれど、実際には、異質な自分を見つめる作業が日常的に行われたために、やがては、著者は、自分だけの、人とは異なる言語形成の過程と言語能力を逆手に取ることができるようになり、個性ある研究を行う研究者になった。自分のことばは「ふつうの日本語」とはちがうと感じる感受性と、何が「ふつう」なのか考えることのできる論理性が、個人の体験と結びついて、こんな本ができたってことだね。

リアルすぎてゾッとするDV夫の言い分

『黒と青』アナ・クィンドレン著／相原真理子訳（集英社、二〇〇一）

小説　心理

著者アナ・クィンドレンは一九五三年生まれ。ニューヨーク・タイムズのコラムで、一九九二年ピュリッツァー賞を受賞した。その後、小説にも手を染め、一九九八年にこの『黒と青』を出版している。

これはドメスティック・バイオレンスの小説だ。ドメスティック・バイオレンスが小道具として登場する小説はよくあるのだけれども、ここではドメスティック・バイオレンスの心理そのものが主題である。

こう言ったとたんに「そんな小説読むもんか」という声が聞こえてきそうだが、この本の語り口は静かで、抑えが効いていて読みやすい。

「はじめて夫に殴られたのは一九のときだった。」

ニューヨーク、ブルックリンに住む看護婦フランは、十数年前、イタリア系の警官ボビーと結婚した。ボビーは、ハンサムで説得力のある美声の持ち主だ。

はじめは、腕を強くつかまれてあざがついただけだった。暴力は、子どもの誕生をはさんで、しだいに激しさを増し、鎖骨や鼻の骨が折れ、彼女はついに夫から逃れることを決意する。でも夫は離婚など絶対許さない。ドメスティック・バイオレンスの加害者は、別れるとなると、はげしい執着を示し、さらに暴力で脅したりストーカーになったりすることがよくある。小説もその通り進む。

フランは被害者を秘密に逃がしてくれる援助組織に接触し、一〇歳になる息子とともにマイアミに逃げる。そして別の名前と経歴を得て、生活を始める。架空の職歴や学校の書類などは組織が用意してくれる。

なぜ、そんな男を好きになるのか。なぜ、早く逃げないのか。こういう疑問がドメスティック・バイオレンスにはつきまとう。暴力が実際にどのような状態でふるわれるのか知らない人は、フランの恐怖と憎しみと愛情の入り混じった気持ち、生活を失うことへの恐れについての描写を読めば、ドメスティック・バイオレンス被害者の行動に少しは納得がいくことだろう。

小説をこんな風に解説し紹介するのは邪道かもしれない。たしかに前半は典型的なドメスティック・バイオレンスの状況とそこからの脱出が順調に——ちょっと順調過ぎるが——描かれていて、啓蒙《けいもう》書として読んでもらうには十分いいのだけれども、それだけでは小説としては平板だという印象を受ける。でも読み進むうちに、話は急転する。夫がマイアミの家を付きとめ、乗り込んでくるのだ。フランは瀕死《ひんし》の重傷を負わされ、夫が子どもを連れ去る。

「本気で愛していたんだぞ。フランシス。でもおまえは満足するってことを知らなかった。勝手なことばっかりしやがって。妹と出かけたり、病院へ行ったり……たまに家にいるときはおびえた顔でおれを見る。なにかおそろしいことがおこるといわんばかりに。どんな気がするかわかるか？……そのおどおどした表情を消すために、おまえに手をあげることが多かったんだぞ」

夫の反論は迫力に満ちて、こういう自己中心的な主張は、けっこう説得力を持つことを納得させる。本のカバーに「加害者と被害者とを単純に割り切れない人間の難しさ……」という批評が引用されているのだけれど、ここだけ読むと、それでは加害者側の見方と同じだ。推薦文の書き手が説得されてしまうくらいの迫力あるリアルな表現、と言っておこう。

人は物語から逃れられない

『英雄の書　上・下』宮部みゆき著（毎日新聞社、二〇〇九）

人生
小説

宮部みゆきの最新ファンタジー『英雄の書』。大作『ブレイブ・ストーリー』の世界と共振する部分も多いが、『ブレイブ・ストーリー』ではロールプレイングゲーム（ＲＰＧ）らしさが強調されているのに比べると、話はより内面的、心理的になっている。文章は平易でおだやかだけれど、内容はかなり難しいから大人向きだと思う。

中学二年生の兄と小学五年生の妹。スポーツも勉強も性格も抜群の、理想の兄がある日突然、学校で殺人事件を起こす。この大事件で、心を傷つけられ家族を破壊された妹が物語の主人公である。幸せな家庭を取り戻したい一心で、少女は異世界へと赴く。

展開のカギになるのは「物語」である。ここでは人によって語られ書かれたもののすべてが「物語」と呼ばれている。つまり、物語は文化や文明を作り出すものであり、従って、人間を人間となす根源なのである。

少女は古い書物と出会う。生まれたての本から二〇〇〇歳を超す本まで、本たちは物語について、またその発生の地についての知識を共有していて、主人公を助けてくれるのである。図書館の本たちが主人公に語りかけるシーンはどれも楽しく美しい。この作品の大きな魅力となっている。

書物たちの導きによって、世界のすべての物語を作り出している場所を少女は訪れる。「無名の地」と呼ばれるその場所には時間がなく、名前のないまったく同じ顔をした黒衣の僧たちが、二つの巨大な輪を途切れることなく営々と回し続けていた。「咎の大輪（トガのタイリン）」と呼ばれる二つの輪。ひとつは、人の世界に「物語」のすべてを供給し、もうひとつは人の世から「物語」を回収している。闇の中で銀河のように粛然と回る輪のイメージは圧倒的だ。

しかし、このイメージは独特でもある。たいがいのファンタジーでは、人間的な行為の根源は、温かで美しいメタファで描かれている。慈愛に満ちた老人、無垢《むく》な幼子、美しい女神、光の塔――そういったものが、愛と勇気の源となり、悪に対する正義に力を与えるものとなるのである。

しかし『英雄の書』ではそうではない。無名の地は人を寄せ付けない。しかも、根源となるもののメタファは、苦行によって回し続けられる巨大な車輪であり、「咎」と命名されている。

物語を作る力は人にさまざまな喜びや善いものをもたらす。しかし、それは必然的に苦悩や悪をもたらすことになる。というより、この二つは同じことがらの両面なのであり、人はそこから逃れられない、と著者は語る。

愛や正義も含めた人間の執着すべてに苦悩の元がある――これは、ユングを越えて、むしろ仏教的な世界観である。しかもファンタジーでは扱いにくい世界観だ。少しごつごつした感触になっているのもそのためだろう。ファンタジーは基本的には、執着の成就の物語なのだから。

主人公は兄と家族の再生のために世界を滅ぼす英雄を封じに旅立つ。これは普通の始まりだが、結果的にはこの目標は成就されない。自分のなしたことが何であったのかも最後にしかわからないしくみになっている。

一度起きたことを無しにすることはできないし、傷ついた心が無傷であったときに戻ることはない。異世界の冒険を経ることで、主人公にも読者にも自然にそれが見えてくる。それでも、経験によって主人公は成長する。現世の人の縁のなかで、癒され励まされ、生き続けられることを知る。結末は著者らしく温かなものである。

病んだ心を芸にぶつけた伝説のストリッパー

『一条さゆりの真実――虚実のはざまを生きた女』加藤詩子著（新潮社、二〇〇一）

実録　人生　心理

　一九九七年に一条さゆりは釜ケ崎《かまがさき》の病院で亡くなった。六〇歳だった。アルコールの大量摂取が寿命をかなり縮めてしまったのにちがいない。

「特出し」で知られた伝説のストリッパーは、引退興行で「公然猥褻《わいせつ》罪」で逮捕され、実刑判決を受けた。著者は、釈放後さらに変転を重ねる一条さゆりを写真に撮ろうとして、入院中の一条に会いに行く。そして亡くなるまでの約二年間、彼女の話を聞き続ける。

　厳しく虐待した産みの母、金にはうるさいがやさしかった義母、暴力をふるいストリッパーとして自分を売り、子どもを施設にいれて引き離した夫、引き離されても情愛を持ち続けるデキた医大生の息子。一緒に店を開業したが刺されて死んでしまった男。愛されつつ愛しつつ懸命に生きてきた女性のことを、一条さゆり、いや池田和子は生き生きと著者に語った。

ところが、葬式のあと、わかってきた事実は著者にとって衝撃的なものだった。生母は和子が三歳の時に死に、義母は和子を虐待し無視した。家を出た和子は男と結婚するが、子どもは自分で置き去りにした。息子とはほとんど連絡はなく、店を出してくれた男は和子の行動によって追いこまれ自殺してしまったのだった。そしてあちこちで言われる、嘘つき、金にだらしない、自分勝手な迷惑な人であるという評価。

著者は戸惑い、それでも精力的に取材を進める。こんなに熱心でまじめな人が、死んだ人に裏切られて、でもそれに正面から挑んで行くのは大変だったにちがいない。死後、五年目になっても、まだ苦しさと（なぜ？）という疑問が本のなかに渦巻いている。

この本に書かれている情報から一条さゆりを精神医学的に評価するなら、おそらく対人関係の障害を中核とするような人格障害が基本にあり、それに伴う虚言症があるということになろう。その一因は幼時からの悲惨な生活史にある。自殺未遂も、人を利用するのも典型的だ。特に末期には慢性の大量アルコール摂取による精神、身体、神経への影響も加わって意識障害もあり、複雑な病態を呈している。頭部外傷の影響もあるかもしれない。

でもこんなふうに言ったからって彼女の何がわかるというのだろう。

彼女の芸はきっと素晴らしかったのだ。「お客のひとりひとりがセックスを彼女としているような気になるのは一条だけ」という評価。「菩薩《ぼさつ》のよう」とも書かれている。女が菩薩と表現されるのは、不特定多数の男の煩悩を、罪悪感を感じさせずに満たしてやっているときと決まっている。

実際には、例えばセックスを商売にする「売れっ子」の女性の手記などを読むと、深い傷つきと自分自身を嫌う気持ちが、一見彼女を「菩薩様」に見せていることがわかる。極端なサービスの良さとしてそれは現れる。

けれども「舞台」では奇跡が起きうる。舞台では観客の欲望は直接身体を傷つけない。しかも自分の魅力によって男性を従わせる支配感も、自分が人に必要とされているという感触も、同時に得られるのである。ストリップの舞台は一条にとってもおそらく唯一の生きるにたる時間だったのだろう。不幸や悪と紙一重のところにある奇跡的な輝きを私たちは「芸」として消費する。その贅沢さに思いをいたせば、自然に彼女を追悼することもできると思うのである。

民族紛争の根深さ、やりきれなさ

『悪者見参――ユーゴスラビアサッカー戦記』木村元彦著（集英社文庫、二〇〇〇）

実録

教養

Jリーグ名古屋グランパスのストイコビッチは選手としても日本で活躍した。一九八一年にユーゴスラヴィアのサッカーチーム、ラドニチュキ・ニーシュに入団して以来彼は華麗な、また不運な選手歴を辿ってきた。

二〇〇〇年七月四日のキリンカップサッカーで日本はユーゴスラヴィアに一―〇で勝利した。これがストイコビッチのユーゴ代表最終戦となるはずで、そのことを考えると、すでに試合の途中から胸がいっぱいになったとストイコビッチは試合後に話している。

一方母国のユーゴスラヴィアでは、ミロシェビッチ前大統領がこの年四月一日に逮捕された。大統領はオランダ・ハーグの旧ユーゴ国際戦犯法廷に引き渡され、七月三日には初公判が開かれた。

ミロシェビッチのあとのユーゴの政治情勢も変わらず不安定であり、コソボ問題も解決したわけではない。空爆によって破壊された都市、地雷の問題、劣化ウラン弾の問題など住民は生き延びるためだけに必死にならざるを得ない状況が続いている。

バルカン半島はイタリアのすぐ隣なのに、心理的には日本から遠いところにある。旧ユーゴスラヴィアに起こった複雑な民族紛争を理解している日本人は少ないだろう。一九九一年から始まるクロアチアとスロベニアの独立、ボスニア・ヘルツェゴビナ紛争、コソボ紛争とNATO空爆など。

これらのことがストイコビッチの故郷に起こったことであり、日本がフランスのワールドカップでクロアチアという国と対戦することになったのも、ストイコビッチが七年という長い間日本でプレーすることになったのも、すべて関連のある事柄であることが本を読むとわかる。

ユーゴ紛争について頭を整理したい人のための入門書としては、一九九三年に出版された千田善《ちだぜん》による『ユーゴ紛争――多民族・モザイク国家の悲劇』（講談社現代新書）などもある。けれど、この『悪者見参』は、旧ユーゴスラヴィアのサッカー選手を個人的に追いながら紛争の中を進んで行く。

「出てくる人名は何とかビッチばっかりの変な本」というのはその通りと言えばその通りである。もともとは一九九九年三月に単行本として出版されたものを文庫化し、さらに一〇〇ページ近い追章が書き加えられた。

国際試合で活躍する名の知れた選手たちも紛争に巻き込まれている。セリエAでプレーしていたミハイロビッチの生家は荒らされ、家に帰ることはできなくなっていた。ストイコビッチも、ユーゴに対する処分としての試合出場停止などで全盛期を棒に振ってしまった。

ある民族だけが徹底的に残虐で悪だというのは現実的な考えではない。本にこんな一節があって私は驚いた。

「ボスニア戦争当時セルビア、クロアチア、ムスリムの三者が対立し、互いに他民族への残虐行為を行ったが、宣伝戦を制したのは、アメリカの大手広告代理店ルーダー・フィン社と契約したクロアチア政府だった。同社がセルビア・バッシング用に採用したコピー『エスニック・クレンジング（民族浄化）』がテレビCFで流され大ヒットしたのだ。（中略）このキャッチコピーはアメリカ国内で広告大賞を受賞している」。

民族紛争は根深い。外来者のインタビューには本音を言わない人もいるし、掘り下げきれていないところもある。でもすべての民族が自分が被害者だと思っているやりきれなさはよく伝わってくる。

第3章

プロの世界

捜査一課のバッジを持つ法歯学者

『遺体鑑定――歯が語りかけてくる』鈴木和夫著（講談社、一九九九）

実録

働く

犯罪学や法医学にちょっとでもかかわったことのある人なら、鈴木和夫の名前を知らない人はいないだろう。そうでない人でも、身元のわからない遺体が発見されたときに、歯型や治療の跡が決め手となって人物が特定されることがあることは知っていると思う。

法歯学という学問がある。法医学は遺体の状態を調べて死因を推定したり、死亡時刻を推定したりするわけだが、法歯学は「歯の語る」その人や事件についての情報を集め分析する学問だと言えるだろう。鈴木先生は二〇〇三年に亡くなったが、誰もが認めるこの分野の第一人者であった。というより著者の貢献によって法歯学という分野が成立してきたと言うほうが正しい。今回この本を読んで、その業績が日本だけにとどまらず世界的なものであることを私は知った。
法歯学のもっとも大きなテーマは個人の識別である。なぜなら歯は硬くて変質しにくくて、身体のほかの部位がなくなっても最後まで形をとどめるものだからである。また歯の状態は一人一人違っていて、ちょうど指紋のように歯によって個人が同定できるからである。ということは歯による鑑定が出番となるときは、遺体が原型をとどめていなかったり一部分しかなかったりという悲惨な出来事が多いということになる。

連続少女殺害事件にもロス疑惑の銃弾事件にもまた御《お》巣《す》鷹《たか》山の日航機事故現場でも著者は遺歯の鑑定をしてきた。

研究室に持ち込まれた歯を丹念に調べるちょっと変わり者の白衣の科学者というイメージは著者には似合わない。鈴木先生は警電（直通の警察電話）を大学のデスクにおいている。「先生、すぐに来てください」と警察から電話がかかると、山奥でも、外国でも、現場へ出かけていくのである。ネパールから帰って電話を受ければ、その足で北京に行く。刑事に混じって現場を確かめ、捜査一課のバッジを持っていることを誇りにしている。

死体に残された噛み跡が犯人特定の重要な手がかりになることもある。唇の紋は指紋と同じように個人同定に使えるという。被害者の歯の治療の跡が被害者の性格や経済状態を語ることもある。虫歯に保険の利く治療法が施されていれば公務員や会社員やその家族と考えられるというのは法歯学の中では常識らしい。なるほど、と思う。

たとえば、楽器とか、ワインとか、本の装丁とか、そんなものの専門家もそうだけれど、何かひとつのものを見続ける専門家はみんな同じようなことを言う。「○○が自ら語りかけてくる」。ほかの人には単なる歯型や骨のかけらに見えても、その道の専門家には情報の宝庫なのだ。本書でも特に前半にはそういった達人芸の奥深さを語る、といった面が強い。

三〇年以上法歯学教室を主宰してきた著者にとって一番記憶に残る事故は日航機墜落事故だったという。第四章「日航機事故の鑑定現場」の章は読者にとっても心に残る章である。

現場の凄惨さ、遺体の搬出、体育館での遺体確認の作業、遺族の悲嘆、そのどれもが本に描かれ、人の心を動かし、それでも全部は描ききれずに、現場にかかわった人につらい気持ちを残してきた。私はその中のいくつかを読んできたが、またこの本でも心を動かされ考えさせられた。

著者は四か月間、あの夏の終わりから冬にかけて、ひたすら個人識別に取り組む。

航空機事故における著者の作業は、それまでに述べられている法歯学とはまた異なった側面を見せる。歯による身元確認は、遺族と一緒に取り組む、死者と遺族のための作業なのだ。ここに来て著者の法歯学は司法から当事者へとその足場を移す。

「最終的には五二〇名中五一八名の遺体が確認された。歯型による身元確認は二〇〇名を越えた。法歯学は優れた成果をあげた」。二人の人の歯や鼻の骨が、ほかの人の肩にめり込んでいたり、一人の骨がばらばらに重なっていたり、墜落時にかかった力の大きさは想像を超えたものである。このような中での五一八という数の重みははかりしれない。

——事故の規模の大きさ、悲惨さが、ほかの事件とは比較にならないことも理由のひとつではあるが、それだけではない。（中略）約四か月にもわたる事故の被害者の身元確認作業中に感じたものは、とても言葉で言い尽くすことなどできるものではない。人間の力が生み出したテクノロジーが人間を殺す理不尽さ、人間の無力さ、愚かさ、そうした負の側面の重圧に、時には押しつぶされそうになることもあった。しかし、懸命に働く医師、歯科医、警察官、多くのボランティア、手弁当で働き続けた教室員たち、休みなく働き続ける多くの人の姿に、人間の善意と英知という光も見出すことができた——

と著者は言う。一見冷酷に見えて、実は非常に人間的な仕事なのだ。

この世には「人を殺す」という仕事がある

『「戦争」の心理学――人間における戦闘のメカニズム』D.グロスマン、L.W.クリステンセン著／安原和見訳（二見書房、二〇〇八）

実録　実用　心理

　健全に人を殺すにはどうしたらいいか――人を殺すことが職務である人たちに向けて書かれた優良なハウツー本。ひとことで言うならそういう本である。その実用性、合理性が、新鮮な面白さと何とも言えない違和感を同時に感じさせる。

　第二次世界大戦の最中にアメリカ軍で兵士の大規模調査が行われた。戦闘直後に行われた調査によると、ドイツまたは日本軍との接近戦に参加した兵士の発砲率は、どの場合でも一五％から二〇％だったという。撃っても当たらないとか、逃げ出したということではなく、八割以上の兵士は、発砲さえしていなかった。敵と至近距離で向かい合ってさえ人は簡単には人を殺せない。そして、二〇世紀になってからの戦争ではつねに、ストレスで心身衰弱の状態になり戦闘できなくなる確率の方が、敵に撃たれて死ぬ確率よりずっと高かった。

唯一の例外はベトナム戦争であると著者は言う。この戦争では発砲したアメリカ兵士の割合は九〇％に達し、心身の衰弱を経験する確率と敵に殺される確率はほぼ等しくなった。ベトナム戦争では、アメリカ軍は、兵隊が人を殺すことができるように訓練を改良してから、兵士を送り出したからである。

簡単に言えば、それは繰り返しの射撃訓練である。ただし、丸い標的ではだめで、リアルな状況でリアルな人型標的を打つことが重要であった。「シミュレーターの迫真性」が効果をあげたのである。もっとよいのは、当たれば痛みは感じるペイント弾を使って、実戦に近い形で、人を撃つことを繰り返し訓練することだ。繰り返し慣れさせ、考えなくても判断し、対応できる、そういう行動主義的なトレーニングを行うと人に対する発砲率は高まることが示された。

ただし、ベトナム戦争では、兵士は発砲できるようになったが、その殺傷による心理的衝撃については何も教えてもらわなかったし、準備も訓練もなかった。彼らは反戦運動のさなかの母国に帰国し、孤立し、多数の帰還兵に

PTSD（心的外傷後ストレス障害）が発生した。

ならば、次に考えるべきことは、どうやって落ち着いて殺傷し、恐怖にとらわれることなく生還し、街角の人間を撃ったりすることなく、家族とともに安定した生活を営むことができるのか、ということがポイントになる。

著者グロスマンは、アメリカの陸軍士官学校ウエストポイントの心理学、軍事学の教授で、「殺人学」の専門家、当然軍人である。本書は彼の前著『戦争における「人殺し」の心理学』（ちくま学芸文庫）とひと続きになっている。前著はアメリカでは軍事学の教科書として広く採用されているそうだ。そして続編であるこの本は、軍人だけでなく、警察官や消防士など身体的な危機に身を晒《さら》す職業の人たちを読者に想定して書かれている。そのせいもあってか本の後半はやや情緒的。ちょっと一般人は遠慮したくなる部分もある。

このような本が成立することそのものに対する嫌悪感を抱く人も多くいるだろう。しかし、心理的訓練が人殺しの役に立つということ、このような研究領域が実際に成立していること、そしてそこに資金が投じられ、このような訓練が行われていることは事実なのである。

ここに書かれている心理学的内容は、ほぼ正しい。同じ系統の技術がPT

SDの治療にも実際に使われている。たとえば、ストレス免疫訓練――ストレス状況をあらかじめ与えて訓練し一種の免疫を作ったり、緊張が高まりすぎてコントロールが失われるまえに、訓練した呼吸法で、リラクセーションを図ることなど、治療法の一環として有効であり、実際に使う。恐怖の記憶を扱うときのコツは逃げずに直面することであることも同じだ。

というより、この軍隊の中の研究の成果が非戦闘員のPTSDにも応用されるようになり、その後、性暴力被害者などを対象とした治療研究がすすんで科学的にも洗練されたという方が正しい。本家はアメリカ軍である。戦争をしている国が一番予算をつけたい研究は、どう考えてもそっちのほうだ。私はとても複雑な気持ちになった。

たしかに、人質を取って立てこもる人や、銃を乱射する人を止めるには狙撃が必要なこともある。狙撃するなら正確にできなくては困る。日本だってそれはそうだ。しかし、何が一番有効かと言われれば、全警官の殺人の腕が上がることより、社会から銃をなくす方がむしろ早いように思える。戦争をするために若者を集めれば、確かにうまく敵を殺し生還することを教えなければいけないが、その前に戦争をしないで済むように考える方がさらに実用的だろう。

それでもまずこのような分野があることは読者に知ってもらいたい。この本には戦争の最初の戦略が欠落していることを認識しつつ。

司書が謎を解く過程はまるで探偵小説！

『図書館のプロが教える〈調べるコツ〉——誰でも使えるレファレンス・サービス』浅野高史他著（柏書房、二〇〇六）

教養　働く　実用

「図書館のプロ」とは司書のこと。司書というと学校の図書室の貸し出し窓口にいた地味なお姉さんの姿が思い浮かぶ。親切だが覇気《はき》に欠け、この仕事が好きなのかどうなのか今ひとつはっきりしない人。

この本の見かけはちょうどそういうお姉さんのようである。地味で垢抜《あかぬ》けない。人を教育したいのか、趣味を追求したいだけなのかよくわからない。ところがこのお姉さん、読んでみると中味はたいへんアクティブで充実している。図書館業界をよく知らない者にとっては、司書のイメージが大きく変わる本である。

「よくライオンの口から水やお湯が出ているが、その由来は？」、「宮部みゆきさんの本に登場した『うそつくらっぱ』という児童書を読みたい」、「第二次世界大戦時に神奈川県内にあった外国人収容所は？」

図書館利用者が持ち込むさまざまな質問に対して、図書館レファレンス・サービス係がさまざまな資料を駆使しつつ答えていく。場所は架空の市立図書館。司書の側から見たレファレンス・サービスの具体的な過程が描かれる。

なぜ風呂や泉や噴水の噴出し口はライオンの頭の形になっているのか？この質問に対して、図書館のプロは「世界大百科事典」から始めて「世界シンボル辞典」、「図解古代エジプトシンボル事典」と、シンボルの歴史系をたどる一方、建築、意匠系列で「インテリア・家具辞典」から「古代ギリシャの都市構成」という専門書に行き当たり、さらに「水のなんでも小事典」から「英米故事伝説辞典　増補版」へと進む。そして、古代エジプトにおいて、ナイル川の洪水が、太陽がしし座にある時に始まるということが、ライオンの噴出し口の起源となっている、ということが明らかになってくる。宮部みゆきと外国人収容所の答は本を見て下さい。

利用者の出す難題奇題を、次々に解いていく図書館のプロたち。ひとつひとつの謎解きはせいぜい数ページなのだが、情報をたどり、謎を解明する過程が描かれて、探偵小説短編集みたいである。そう、司書って「公立貸本屋店員」だと思っていたけど、本当は「情報探偵」だったんだ。

彼らが活用する探偵道具は三つ。ひとつ目はもちろん、本を集積した図書館。二つ目は、いまや世界中の情報が集積されつつあるインターネット。それから最後の一番大事なものは、それを使いこなすための頭の中の知識である。三つのどれもが、ちゃんとラベルを貼られて、収まるべき位置に収まりダイナミックにかかわりあってはじめて、謎解きの力が発揮される。

水を噴出すライオンの口についての情報は、図書館やインターネットのあちこちに埋もれているだろう。が、動物図鑑でなく、まずシンボル辞典と意匠や建築の辞典を見てみようとする発想がなくては、正解には辿《たど》りつけない。さらに水に関する辞典があることも知らなければ、そちらから攻めていくこともできない。

ここで必要な知識は、図書館の本やインターネットをどうやって検索するかというハウツーではない。シンボルとは何か、ということについての教養や、ライオンの噴出し口の問題の特徴を正しく捉えるための論理的な能力である。図書館のプロが必要とするのは、本格的な「知力」やそれに支えられた「推理」なのね。やっぱり探偵だ。

読んでみようという人は、出だしがダサいからといって本を捨てないでください。ぜひ二四ページまでは我慢してから、読んで欲しい。

富の集まるところに生まれた造園という芸術

『ヨーロッパの庭園――美の楽園をめぐる旅』岩切正介著（中公新書、二〇〇八）

実録

教養

水の涼しさ、花の香り、木陰に涼風があり、魚や水鳥の姿を楽しむ――古代エジプトから、庭園は人の憧《あこが》れを誘うものとして存在していたという。本は、ルネサンス以降のヨーロッパの庭園の歴史を、イタリア、フランス、イギリスと解説していく。

ヨーロッパの庭園の原形をたどれば、やはりイタリア・ルネッサンスに、そして古代ローマに行きつく。定番の流れだが、普通ならここで出てくるはずのギリシャの都市国家では、歴史に記されるような庭は発展しなかったというのがちょっと面白い。権力や富の集中が少なく、家が狭かったからだという。どの時代にも、最も富を集める国の、土地と富を最も多く持つ人たちが新しい庭園を造ったのである。

イタリアなら、当然、フィレンツェのメディチ家。一五世紀から、サン夕・マリア・ノヴェッラ教会を設計したアルベルティなどによって、いくつかのメディチ家の別荘の庭園が郊外の丘に造られた。

世界遺産になっているエステ荘（ビラ・デステ）は、一六世紀にルクレツィア・ボルジアの息子、イポリット・デステが財にあかせて作ったものだ。噴水や水オルガン、洞窟《どうくつ》、いろいろな仕掛けがあって、ヨーロッパの庭園の原形となる。

フランスの文化はカテリーナ・メディチとともに、イタリアからやってきたと言われるが、庭園もそうだったらしい。絶対王政の時代に、フランス独自の様式の庭園が完成する。

ルイ一四世は「造園王」で、ベルサイユの庭には太陽王の寓意《ぐうい》が随所に表現されていた。王は、午前の執務が終わると、午後、週に三度ほど、庭をめぐり、舟遊びをした。庭の随所に設けられた空間でバレエや音楽や迷路など趣向を凝らした遊びが行われた。高級ディズニーランドみたいなものだ。

そしてこれに対抗するように、一八世紀イギリスでは自然を生かした、というより風景画のような「風景式庭園」が、ジェントリたちのカントリーハウスに造られることになる。蛇行する小川や、石橋、点在する羊、廃墟《はいきょ》まで配した非整形庭園。ここから現代庭園まで、イギリスの庭の歴史は豊かで長い。

富の順番からいえば、次にはアメリカ式庭園というものができてもよさそうなものだが、どうもそれはないらしい。いや、もしかしたらディズニーランドがそうなのか。現代は造園という芸術にとっては、受難の時代なのかもしれない。

本書は、かなり具体的に各庭園の説明をしている。ベルサイユの説明はこんな具合。「宮殿はもっとも高いところに立ち、三方の庭を見下ろす。三方の庭は、そこから下る斜面に造られ、テラスや斜面からなる。もっとも劇的なテラスは、ルイ一四世も勧める南庭のもので、刺繍《ししゅう》花壇のテラスから、かなり低位にあるオレンジ舎の庭を見下ろすものである」。

実際に、その庭園へ行ったことがあるか、豊富な写真でもないと、ちょっと説明についていけない。本にも写真は載っているが、とても足りない。でもよい方法がある。インターネットで写真を探しながら読むのである。少し探せば、ここに出ているほとんどの名園の地図や写真が、個人の旅行ブログや、ナショナルトラストなどのホームページに載っている。ＢＢＣの動画まであった。インターネット恐るべし。

想像の羽を伸ばしつつ、ゆっくり時間をかけてガイドブックのように読むのが、本書にふさわしい楽しみ方である。

謎解きのさわやかな高揚感

『フェルマーの最終定理――ピュタゴラスに始まり、ワイルズが証明するまで』サイモン・シン著／青木薫訳（新潮社、二〇〇〇）

実録　教養

$X^n + Y^n = Z^n$　nは、3、4、5……

を満たす三つの数は存在しない。これが「フェルマーの最終定理」である。

$X^2 + Y^2 = Z^2$

を満たす三つの数の組み合わせが実際に存在することは、「ピュタゴラスの定理」を習った者はみな知っているだろう。3と4と5とか、5と12と13とか。実際、こういう数の組み合わせは無限に存在するのである。ところが指数が3になったとたんに、そういう組み合わせは見つからなくなる。

フランスのフェルマーが悪名高いこの発見を成したのは、彼が数学の研究を始めてまもない一六三七年ころのことだった。

「これは途方もない主張だったが、フェルマー自身はそれを証明できると考えていた。定理の概略を述べた書きこみに続けて、このいたずら好きの天才は、その後何世代にもわたって数学者たちを悩ますことになるメモを書き添えた。

〈私はこの命題の真に驚くべき証明を持っているが余白が狭すぎるのでここに記すことはできない〉」

そんなのあり?! と思うのだが、数学者と呼ばれる人たちは、先人の態度の悪さより、謎の真価を評価する、冷静なお人よしらしい。多くの天才的な数学者がこの謎に挑戦し敗北してきた。また時にはこの謎によって救われた者もいた。

ドイツ人の数学好きの資本家パウル・ヴォルフスケールは失恋して失意の底に沈み、冷静に自殺を計画した。仕事を片付け、家族や友人に遺書を書いた。

「ヴォルフスケールは実務能力が高かったので、予定していた深夜零《れい》時よりも少し前にすべてのことが終わってしまった。そこで、彼は最後のひとときをゆっくり過ごそうと書斎で数学の本をひろい読みし始める。その本は、フェルマーの定理に関連して書かれた数学者クンマーの名著であった。

ヴォルフスケールは一行一行読み進むうちに、クンマーの理論のギャップに気づき、そのギャップを埋めるべく証明に夢中になる。そして証明を書くうちに夜は明けてしまったのである。自殺の機会をのがしたヴォルフスケールはその後一九〇八年に没したが、彼は遺言状を書きかえていた。

ヴォルフスケールは、自分の運命を変えたフェルマーの最終定理への恩返しとして、「懸賞金十万マルクを投じた」。当時の十万マルクは現在の一〇〇万ポンド以上と言うから、一億円以上の途方もない懸賞金である。

そして、度重なる失敗の末、つい最近、一九九四年一〇月、プリンストン大学教授　アンドリュー・ワイルズが二編の論文を提出し、三世紀以上にわたって数学史に君臨したフェルマーの最終定理の証明がなされたのである。

ワイルズは一〇歳の時に、フェルマーの最終定理を知り、それからこれを証明する事を目標とし続けてきた。そして準備を整え、だれも取り組みたがらない危険な問題に七年にわたって取り組んだ。

初めてワイルズがこの証明を発表したのはケンブリッジ大学の研究所のセミナーにおいてであった。彼が三日間にわたる発表を終え、「ここで終わりにしたいと思います」と言ったとき、会場には喝采《かっさい》が起こりいつまでも鳴り止まなかったという。

しかし、その後の検証で、論文にはひとつ欠陥があることが明らかにされ、ワイルズは翌年まで苦闘を余儀なくされた。コンピューターどころか紙さえも使わず、ただ考える苦闘の日々が続く。しかし最後に、突然の閃《ひらめ》きが起こり、欠陥は克服された。そうしてワイルズの証明は、多くの最新の理論を発展させ、数論に革命的な進展をもたらした。

フェルマーの最終定理の発見とその探求をめぐる物語は、数学の本質についてもさまざまなことを考えさせる。また、第　章はピュタゴラスの秘密主義の教団の歴史から始まり、章を追ってガロアの不幸な決闘の話や、バートランド・ラッセルの集合の話などが時代を追って登場する。時代を代表する天才数学者たちのポートレイト集としても読める。

だからと言って散漫な印象は全く与えない。フェルマーの最終定理というひとつの謎を追求して、謎解きのさわやかな高揚感をもたらしてくれる。そして最後には数学の論理に対する畏敬の念さえ、読者に自然に（昔そういうものを持っていたのなら）思い出させる。

そうそう、言い忘れてはいけないことがあった。読者はもちろんワイルズの証明がわかる必要はない。ワイルズの証明が完全に理解できるのは世界でも数人だけだそうだから、心配しなくてよい。いや、そんなレベルではなくてピュタゴラスの定理がわかって、単純な論理が追えれば、十分である。数字はほとんど出てこない。パズルが趣味の人には、ちょっとしたパズルを解く楽しみも用意されている。

創造における病の関与の一例

『博士と狂人――世界最高の辞書ＯＥＤの誕生秘話』サイモン・ウィンチェスター著／鈴木主税訳（早川書房、一九九九）

教養
働く
心理

オックスフォード英語大辞典。

ブロードモア病院。

妄想症。

この三つの単語のどれかについてちょっとでも知っている人には、この本はわくわくする宝の山である。どれも知らない人でも、辞書の語源の項を見るのが好きな人や、ロンドンの町が好きな人にもきっと面白いだろう。

「各巻の寸法が墓石ほどもある」ＯＥＤ――オックスフォード英語大辞典は、今日でも「不朽の価値を持つ英語辞典の模範」である。あらゆる単語の意味の変遷のすべてを、用例によって示すという、壮大でかつイギリスらしい企画は、ビクトリア時代に発案された。そして編纂《へんさん》に七〇年以上の月日が費やされ、OEDの第一版一一巻は一九二八年に完成した。

OEDのもっとも有名な編纂者で、最大の功績を残した人はジェームズ・マレーである。ジェームズ・マレーは一八三七年にスコットランドの貧しい家庭に生まれた。正規の高等教育を受けずに、独学で「信じがたいほどの博学」を身に付け、ついにはオックスフォード大学でも最高の栄誉を受けることになる。

本書のもう一人の主役ウィリアム・チェスター・マイナーも、OEDの用語収集に大きな貢献をした人物である。OEDの編集にあたって、事務局は用例収集のボランティアを募った。それに応募したマイナーはアメリカ人の外科医であったが、稀覯《きこう》本をたくさん持っており、彼の送った単語の用例は二年で一万二〇〇〇にも達した。「この一七、八年間マイナー博士はたいへんな貢献をしたため、過去四世紀の用例は彼から送られたものだけですむほどでした」とマレーは演説している。

しかし、マレーとマイナーは互いに好意を持ちながら、何年も会ったことがなかった。マイナーはロンドン郊外に住んでいたのに、一度も招待に応じなかった。なぜなら、マイナーは「殺人を犯した精神異常者」であって、有名なブロードモア病院の入院患者だったからである。ブロードモア病院（本書ではブロードムアとなっている）は世界的に有名なイギリスの特別病院――犯罪行為を行った精神障害者を入院させる大規模な施設であった。ロンドン郊外の静かな丘の上にあるブロードモアは、現在もその機能を果たし続けている。

マイナーは今日で言うところの妄想型統合失調症に罹患していた。アイルランド人に殺されるという被害妄想が嵩《こう》じて、ロンドンで殺人を犯し、その後のブロードモアの静かな環境の中でも病は着実に進行していった。妄想を持つ人が、どのような部分で正気で普通の人であり、どのような部分で「異常」なのか、マイナーの例はそれをよく示している。昼間に人と会う時は、彼は静かな紳士であり辞典編纂に役に立ちたいと心から願っていた。

衒学《げんがく》的なOED単語への興味、語学辞典の歴史、当時の精神病治療の状況、など盛りだくさんのエピソードが手際よく進行する。

辞書の編集というような気の遠くなるような作業を完成させる人たちには多少の「偏執性」が必要なのかもしれない。マイナーのように病気にはならなくとも「偏執」性がなければ用例収集を何万も続けたり、何十年も言葉を集め続けることは不可能な気がする。創造における病の関与の一例として、すなわちマイナー博士のパトグラフィー（病跡学）としても、この本は読めるのである。

野生動物が育んだ現代の聖女

『森の旅人』ジェーン・グドール、フィリップ・バーマン著／上野圭一他訳（角川21世紀叢書、二〇〇〇）

実録　人生　働く

何年か前に、私は初めてジェーン・グドールの写真を見た。何をしている人なのか、そのときは知らなかったけれども、飾り気のない銀髪、やさしい目、けれども全体から感じられる知性や強い意志に、惹《ひ》きつけられた。

哲学者と言われればそうだと思ったかもしれないし、芸術家だと言われればそうだと思ったかもしれない。写真だけでこんなに魅力のある人はめずらしい。今でもその写真の記憶は鮮明だ。今回、彼女の自伝の翻訳が出た。

ジェーン・グドールは一九三四年ロンドン生まれだそうだから、本書刊行時には六六歳である。一九六〇年代初頭から始まった、アフリカにおける野生のチンパンジー研究で、一躍その名を知られるようになった。彼女は個々のチンパンジーに名前をつけて観察するユニークな研究方法でこのフィールドに革命をもたらした。

チンパンジーが、蟻塚に草の茎を突っ込んで、茎についた蟻を食べている有名なシーンは、見たことがある人が多いのじゃないだろうか。これが、グドールの観察した、タンザニアのゴンベ国立公園の野生チンパンジーである。彼女は世界で初めて野生のチンパンジーが「道具」を使って蟻を食べるところを観察したわけである。

サル山のサルに名前をつけられるのは日本人研究者だけだと、昔どこかで読んだような気がする。そうじゃなかったのね。

グドールは大学で動物学を正式に勉強していない。ただただ子どものころから動物が好きで、それが昂じてついにはアフリカに渡り、人類学者ルイス・リーキーの秘書になって、彼に見出されたのだった。

彼女の自伝は宗教的な雰囲気に満ちている。彼女はイギリスの郊外で「キリスト教倫理にほどよく彩られた」空気の中で育った。「ものごころついてから教えられたのは、勇気、正直、慈しみ、寛容といった人間としての価値の大切さだった」「私も戸外に出る事を好み、庭にみつけた秘密の場所であそびながら自然に親しんだ」「かんがえてみれば、非の打ちどころのない幼児期だった」。

　文章は全体に高揚し、アフリカの森は宗教的な美しさをもって描かれる。「ふしくれだった巨大な老木、岩を食みながら湖へと流れる澄み切った渓流、昆虫類、鳥類、そしてチンパンジー。それらはすべてナザレのイエスの時代から少しも変わっていない」。彼女は、畏敬すべき自然の中で、数々の神秘体験を持つ。宇宙と自分がつながっているという直感。普通では感じられないみずみずしい生の感覚。神の存在の実感。

　それは決してグドールが偏狭なクリスチャンだったということではない。むしろ持って生まれた宗教的な素質が、忍耐力と知性を備えた「よき器」とアフリカの自然と野生動物との「よき経験」にめぐまれて、開花したのだと思える。

　こういう人が、研究家から野生動物の保護運動に身を投じて、精力的に講演活動しているのは、納得がいくことである。野生動物が育んだ現代の「聖女」と言うにふさわしい。

　どこの国にもいつの時代にも、宗教的な素質に恵まれて生まれてくる人々がいる。今、日本にジェーン・グドールのような子どもが生まれてきたとしたら、はたしてどのような発達の道が用意されているのだろうか。どのような宗教体験を持って生きていくことができるのだろうか。読みながら私はしばしば考えざるを得なかった。

エジソン・著者・聞き手の間に流れる快い感情

『エジソン　理系の想像力』名和小太郎著（みすず書房、二〇〇六）

教養　人生　働く

伝記を読むのには、二つの楽しみがある。ひとつは物語られる人のイメージを頭の中に描いて完成していく楽しみ。もうひとつは、物語る人自身がどんな人であるのか知る楽しみである。物語られる人の像が、豊富な具体的な材料から、だんだんに形作られていく一方、文章の構成や行間からは、物語る人自身の力量や特徴が見えてくる。そこが魅力だ。『エジソン　理系の想像力』は、サイズも比較的小ぶりだし、エジソンのすべてを扱っているのではないけれども、そういう本のひとつである。

また、この本はみすず書房「理想の教室」シリーズの一冊として刊行されている。だから伝記であることに加えて、もうひとつの特徴を備えている。それは教室での「講義」の形式をとっていて、聞き手が存在していることである。つまり、物語られる人、物語る人に加えて、物語を聴く人が、すでに文章の中に想定されていることになる。人に何かを伝えたいという意志の感じられない本だって、世の中には少なくないが、この本はそれと逆である。文章の中の「対人関係」が、ダイナミックな構成になっていて楽しい。

こんな風に講義は始まる。

「〝エジソンを超える〟——これが今回の講義のテーマです」「(本のタイトルは)正しくは『工学系の…』と言ったほうがよいかと思います」「理系と工学系とでは、どこが違うのかと言えば、お客様(クライアント)が前者にはなくて後者にはある、という点です」

エジソンの発明にはお客様がいたのだ、ということはそれだけで、頭をいろいろ刺激する。私がぼんやり知っている、学校不適応の天才発明家、というイメージとは異なるエジソンが現れる。エジソンは電信、電話、電灯、発電機、レコード、映画、自動化鉱山などさまざまな分野にわたって活動した。本書の中では、特に白熱灯、レコード、映画などの発明が取り上げられている。

ただし、個人の天才がどのように何を発明したのかということが本の主題ではない。エジソンの発明は、どのようなシステムによって作り出され、どのようなシステムによって、新しい産業となり、歴史となったか、ということが、ここでの主題である。

エジソンは、発明のためのチームを作り、優秀な人材を集め、それを主導し、そこに資金を導入した。また自分の発明に対して、積極的に特許を取り、発明した技術とそれのもたらす利益の独占をはかり、特許を侵す者との間にはたくさんの訴訟を起こした。現在の技術開発のシステムの原型を見ることができる。エジソンは、発明システムそのものの発明者、実践者である。

一八八〇年一月二七日にエジソンは、「炭素フィラメント白熱灯」の特許を取った。当時、エジソンが、多くの競争者に先んじて、電球の発明に成功したのは、発電機で地域に電気を供給して、電球を使うシステムそのものを最初から構想した点にあった。電球が100ボルト、1アンペア、100ワットの規格になったのも、エジソンの電力供給システムの構想からもたらされたのである。

エジソンは一九世紀のビル・ゲイツであると言えると著者は言う。しかしエジソンは、ゲイツのように開発から一直線に企業も大成功とはいかなかったらしい。

彼の電灯のシステムは直流を使っていたが、その後、ウェスティングハウス社の交流のシステムに凌駕《りょうが》された。レコードのシステムは、技術の問題というより、コンテンツ開発に熱心でなかったために、後発のビクター社とコロンビア社に取って代わられた。

映画については、エジソンは一九〇八年「特許をちらつかせ、業界ににらみをきかしたあとで」映画特許会社を作り、撮影、フィルム、映写という映画産業の三つの要素の独占を図る。しかし、反エジソン派は、遠く南カリフォルニアに本拠を移し、ここで映画製作を続けるようになった。これがハリウッドを作り、その中心にユニバーサル社が生まれた。一九一七年にエジソンの映画特許会社は、裁判で敗訴し廃業する。

こんな風にかいつまんで書くと、エジソンは成功したのか、失敗したのか、ろくでもないのか、偉人なのか、見当がつかなくなるかもしれない。本の中でもそのことは議論されているが、なかなか複雑である。

にもかかわらず、この本は読んでいて快い。それは、エジソン、著者、聞き手の三者間に流れる感情に大いに関係があると思う。もちろん文中には何も書いてないけれど、三者が工学の世界を共有していること、そのことについて著者も聴衆もポジティブな感情を持っていることは間違いなく感じられるし、その間には尊敬や共感の温かい感情が流れているのが伝わるのである。

聴衆との質疑のなかで著者はこう言っている。

「ボクはエジソンが好きなんだよ。これが本音かな」

元気の出る、いい本だ

『ひとにやさしい道具──シニア生活を豊かにする便利な商品たち』共同通信社文化部著（宝島社新書、一九九九）

教養
人生
実用

形状記憶ポリマーでできているスプーンは、自分の手のかたちや機能に合わせて、好きなように変形できる。車いすは、力のいらないもの、片まひでも自分の足でこいで動かせるもの、子ども用のものなどさまざま。

共同通信から発信され、全国地方紙に連載された、高齢者のためのグッズ・ガイドが文庫本になった。補聴器から食器、トイレ、おもちゃまでたくさんの道具を写真つきで紹介する。地方紙を読む人の家族には高齢者が多いそうである。この記事には共同通信という会社の特色がよく生かされているると思う。

老人とか障害者といった「特別」の人たちに「特別」な道具が要るのではなく、道具はだれにとっても必要なものなんだ、みんなそれぞれ快適に楽しく暮らしたいだけなんだという編者の主張が、短い商品の紹介記事から自然に伝わってくる。読んでいると、実用的であるだけでなく、なんだか元気が出てくるいい本である。

法廷ドラマの主役、弁護士の実態は？

『ドキュメント弁護士——法と現実のはざまで』読売新聞社会部著（中公新書、二〇〇〇）

実録

働く

　普通に生活していると、弁護士という職業の人に出会う機会はめったにない。でもミステリーなどでもあまり人気がない裁判官や検事に較べたら、弁護士は、小説への登場数も多く、実際はどうかということは別にして、ロマンティックに語られてきた職業のひとつだろう。

　私はここ数年仕事で弁護士さんに会うことが多くなった。実際に会ってみると、当たり前のことだが、弁護士さんにもいろいろな人がいる。ちょっと耳の遠くなったおじいさん、乳飲み子を抱えたおかあさん、何にでもまじめに取り組むおじさん、元気いっぱいのおばさん、これで社会に適応していけるのかなと心配になるようなおにいさん、さまざまである。何のことはないふつうの人たちだ。

魔法のような力で、被告の無罪を勝ち取ったり、被告をはなばなしく救済したりするわけでもなく、日々の業務に追われるのが多くの弁護士さんの日常だろう。

日本の弁護士の現在を紹介した、この短い本がとてもいいと思ったのは、とにかくバランスがとれているからである。言葉を換えると「威勢が悪い」。でも威勢が悪いまま、真実をちゃんと見るという態度が私は好きである。

新聞社会部記者の取材によるものだから、考えてみれば威勢が悪いのは弁護士だけではなく、新聞記者も、なのである。今や弁護士も新聞記者も居丈高で単純な正義派でいることはできなくなったということだろう。

まずは最近の悪徳弁護士事件の紹介。多重債務者を食い物にして高額の報酬を得る弁護士や、不動産の破産管財人を受任しながら保管金とともに失踪した弁護士など、単にあくどいのではなくて、そりゃ正真正銘犯罪者じゃない、というケースが登場する。

ついで「容疑者、被告の権利を守る」の章では、事件を悔いつつ死刑になった男の弁護士や、冤罪《えんざい》が疑われた事件における弁護士の活動が描かれる。

誘拐殺人犯の裁判。儲からない国選弁護人となったある弁護士は、犯罪を悔いる被告のために一万七〇〇〇字の最終弁論を全力で書く。けれども被告に言い渡された刑は死刑だった。被告は「最終弁論で心が洗われました。……本当にありがとうございました。一切悔いは残りません」という手紙を弁護士に送る。

昔だったら、こういう弁護士は弱者を助ける正義の味方として気持ちよく描かれただろう。けれど被害者の心情が社会に伝わるようになってきた今となっては、そのような単純な図式はあり得ない。この被告の男に、六歳の男の子を残酷な方法で殺された遺族は、その弁護士の最終弁論を聞いて「いったいどちらが被害者なのか、という思いにかられました。とてもいやな時間でした」と話すのである。

続いての章は、性暴力や交通事故、少年事件などの被害者の権利を守る弁護士の話。そのあとには医療過誤訴訟や薬剤被害、隣人とのトラブルにおける民事訴訟の弁護、相談などの話も出てくる。隣人との境界線にたてられた塀をめぐる争いなどは、読む限りでは、どちらが「正義」か決める問題ではないように思える。こういう訴訟を担当する弁護士もきっと疲れた気持ちになるんだろうなあ、と思える書きぶりである。

ちゃんと生きていくためには、いつも自分で目を見開いて自分で考えるしかない。弁護士になってもそれは同じ。結論があるとすればそういうことかな。

芸術の価値は精神病に冒されない

『杉田久女——美と格調の俳人』坂本宮尾著（角川選書、二〇〇八）

花衣ぬぐや纏《まつわ》る紐いろ〳〵

杉田久女その人を知らなくても、この句を知る人は多いだろう。高浜虚子は久女の句を「清艶《せいえん》高雅」と評している。たしかに艶麗なのだが、この句の視線の先には男性はいない。あえて言えば女性が向かっているのは鏡である。性愛に向かわないナルシスティックな「艶」であり、配された個々の言葉の鮮やかさが句の品格を支える。まあ、意地悪に言えば、洒脱《しゃだつ》とか枯淡という境地とは反対であるとも言えるが、私は輝いて張りつめた久女の句が昔から好きだった。

杉田久女は明治二三年、エリート官吏の娘として生まれた。父の海外赴任について幼時を沖縄や台湾など南国で過ごしたのち、女子教育の最高峰であ

実録　教養　人生

る東京女子高等師範付属高等女学校を卒業した。当時としては最高のインテリ女性である。結婚してからは小倉に住み、地方の中学の美術教師に満足する夫とはうまくいかなかったが、兄の手引きで俳句と出逢《であ》い、高浜虚子率いるホトトギス派の女流俳人として頭角を現す。

彼女を有名にしているのは、その作品とともに、自分の句集出版をめぐる虚子との確執、同人からの削除とその後の人生の暗転の謎にある。久女は昭和二〇年十月に太宰府の精神病院である筑紫保養院に入院、二一年一月、五五歳で腎臓病悪化のために病院内で死去している。食糧事情の最悪だったころの精神病院の生活を想像するに、これが事実上は餓死であったとしても驚くにはあたらない。

このような経緯から、文学研究者からも、また病跡《びょうせき》学研究者からも、杉田久女の生涯はたびたび関心を集めてきた。

本書の著者は、山口青邨《やまぐちせいそん》の弟子にあたるという女性文学研究者である。本書はもともとは、二〇〇三年に富士見書房から刊行され俳人協会評論賞を受賞し、今回角川選書として刊行された。この本は久女の人物よりもむしろ「久女の珠玉の作品そのもの」をその作出の流れにそって論じ、多くの資料から、ホトトギス同人削除の問題について論じる。中には著者によってはじめて取り上げられている資料もある。ていねいな久女の俳句鑑賞の書としても、女性の評伝としても興味深く読める。

花衣の句とともに、久女最高の句のひとつとしてよく挙げられるのが四〇歳の時の句、

谺《こだま》して山ほととぎすほしいまゝ

である。句は、大阪毎日、東京日日両新聞の主催、虚子の選による帝国風景院賞（金賞）を取った。著者はこの句を次のように描く。

「一句は自然を写しながら、その背後にこの聖域の清浄な空気のなかにひとり佇《たたず》み、心洗われる思いで鳥の声に耳を傾けている作者の姿を浮かび上がらせる。翼を持つものの自由さに羨望《せんぼう》と憧憬《しょうけい》を抱き、いつしか鳥と一体化している心のありようまで伝わってくるのである」

何らかの精神病が途中から彼女を冒したのだとしても、そんなことは、芸術の価値にはかかわりないのが普通である。ムンクが統合失調症になったから「叫び」の絵は価値がないなんて誰も言わない。

「創作者としての久女の悲劇は、作品の評価を自身で見極めることがむず

かしい俳句という極小の詩型に命を懸けた者の宿命だったのかもしれない」と著者は言う。

結社の「家父長」が作品の評価を握る特殊な世界。そこから逃れることもできず、かといって制度の中に埋没することもできない状況が、久女の悲劇を一層際立たせたのである。

第4章

心の居心地

平均から遠くても近くても、「私」は「私」

『女は人生で三度、生まれ変わる——脳の変化でみる女の一生』ローアン・ブリゼンディーン著／吉田利子訳（草思社、二〇〇八）

実録
教養

アメリカ下院で金融救済法案が否決されたのを見て、「議長が女だからリードがちょっと違う」と発言した日本の国会議員がいたそうだ。平均寿命は世界一、経済は今でも確かに先進国、でも政治への女性登用については開発途上国である日本の政治家らしい発言だと言える。

そういう単純な偏見を持つ人にはこの本を読んで欲しくない、と思う。誤解するからだ。著者も「政治的公正」と生物学的事実の間に立って、本を書くことを長くためらっていたという。

この本の原題はずばり「女性の脳」である。著者はカリフォルニア大学の精神医学者だが、今は内分泌、つまりホルモンの影響を専門にして、女性専門のクリニックも開設している。

世の中には性差の大きい領域が存在する。日本における女性の平均所得は男性の半分くらいだが、この原因は社会の就業構造にあると多くの人が思うだろう。一方メンタルヘルス領域の性差はかなり多いが、これまで性差の生み出される仕組みについては不詳の部分が多かった。

暴力犯罪は圧倒的に男性に多い。一方、うつ病やPTSD（外傷後ストレス障害）の発生は女性のほうが二—三倍多い。アスペルガー障害は男児に多く発生する。こういう性差に生物学的基盤があることがわかりつつある。体型や体毛の違いのような身体的特徴だけでなく、脳の機能にホルモンの性差が影響を与えているのは確実なのである。

女性の幼児期、思春期、妊娠出産、閉経の各時期の、欲望や価値観の形成、現実認識そのものに、ホルモンが非常に大きな神経学的影響を及ぼしていると著者は言う。

たとえば、「女児は胎内で脳がテストステロン（男性ホルモンのひとつ）を浴びておらず、情動中枢に影響を受けていないので、表情を読み、声音を聞きとる優れた能力をもってこの世に生まれでる」。一方、思春期のエストロゲン（卵胞ホルモン）は、社会的拒絶に対して激しいストレス反応を招くので、女の子は仲間外れを強く恐れることになる。

出産して赤ん坊に接すると、「脳でドーパミンとオキシトシンが高まって絆《きずな》を作り上げ、批判的な思考と否定的な感情が働かなくなり、高揚感と愛着を生みだす快楽回路のスイッチが入る」。

現在の科学的成果をもとに、専門の研究者がいつも思っていることを自由に書いた、という印象。こういう決定論は押しつけがましいものだが、この本にはさわやかな読後感がある。あんたのあの行動は、脳内物質やホルモンの変化の影響なんだから、当然なのよ、という自己肯定感を読者にもたらすからだ。

とても面白いと思うが、何となく怖い気がするのは、日本ではこういう成果が、偏見にまみれて個人の行動を制限する方に働きそうなことである。

そもそも男女という二分的な性別自体に当てはまらない人もいる。そのことを考えるだけでも、平均的事実というものは規範とは違うことを思い出すには十分だろう。平均から遠くても近くても私は私である。

もしそういう風に考えず平均値から人間の適職を決めるなら、本の結論からすると、政治家には断然女のほうが向いているということになるだろう。

平和を好み、争いを避け、他人の苦しみに敏感な女の方が、競争を好み、暴力的で、コミュニケーション下手の男よりずっと良い政治をしそうではないか。

ほら、反論したくなったあなた、この本を読むときには気をつけてくださいよ。

「あとがき」も相当な読み応え

『精神疾患は脳の病気か？——向精神薬の科学と虚構』E.S.ヴァレンスタイン著／功刀浩監訳、中塚公子訳（みすず書房、二〇〇八）

実録

教養

うつ病の原因が体液にあると考えたヒポクラテスから、家族内葛藤《かっとう》が原因であると考えたフロイトまで、精神疾患の成り立ちを人間はいつも「説明」しようとしてきた。そしてそれに基づいて治療を行ってきた。実際には、説明は事実と矛盾することも多かったが、それでも、人がそれに気づき、説明そのものが検証されるまでには長い時間がかかった。

どの時代でも「仮説」がいったん広まると、精神科医も含めて、その疾患概念に支配されてしまう。二〇世紀の半ばまで、多くの精神科医が、統合失調症が飲み薬でなおるなんておかしい、と思っていたという。

現代の科学的に見える診断基準や研究論文でさえ、そこから逃れることができないように見える。流行の仮説に合わない事実は無視されがちであり、適合することが取り上げられやすい。そういう行きつ戻りつがどの領域にも存在する。科学的実証が重んじられるようになった現代でさえも、である。

そういうことを、思弁でなく事実の積み重ねから語る本だ。

今、一番普通のうつ病の「説明」は、脳の中の伝達に使われる物質――セロトニンやノルアドレナリン――が枯渇してうつが生じる、というものである。患者さんへの説明にも、この仮説を使うことは多い。

「理由はともかく、とりあえず脳のなかの物質が足りなくなってバランスが崩れているんですよ。バランスを戻すためにお薬を飲みましょう」という具合である。実際、抗うつ薬はセロトニンやノルアドレナリンを増やす方向に開発され、世界中で処方されている。

では、この仮説はうつ病のすべてを説明できるのだろうか？　そうだったら、これらを標的とする抗うつ薬はうつ病患者の一〇〇％に有効なはずだが、現実はそうではない。うつ病に限らず、精神疾患に対しては、なにか有効な薬に当たるまで、薬をとっかえひっかえしていくしかないのが現状である。

精神疾患の原因をこのような化学物質の問題と考える考え方について、著者は詳しく検証していく。

どうやって、向精神薬が発見されたか。それがどのように仮説と結びついていったか、どのように新薬が開発され、実際に広まっていったか、その研究の歴史を詳しく分析する。この部分がとても面白い。

統合失調症の最初の薬であるクロルプロマジンの発見や、抗うつ薬開発のもとになったとされるレセルピンの話など、オリジナルな文献にあたり、その研究の限界を確かめ、研究者の意図を読みとる作業を重ねていく。ありきたりの精神医学史とはちがう世界が開ける。

研究の結果を徹底的に集めて分析することで、著者は、この二つの仮説には、数々の矛盾点があることを力強く提示する。

この本が書かれたのは一九九〇年代末であり、その背景には、当時アメリカでは、新しい抗うつ薬や精神病薬が、魔法の薬のように喧伝《けんでん》されていたということもありそうである。一〇年たった現在の研究や創薬の状況については、監訳者が充実したあとがきをつけているので、本文と一緒に読んでもらいたい。監訳者はこの分野の代表的な研究者である。

それでも、現在、精神疾患治療に最も役に立っているのは、一群の向精神薬であり、脳内の生化学的変化が精神疾患と深く関連していることは間違いのない事実である。この本が薬物療法告発の書でも、脳科学否定の書でもないことは強調しておきたい。

心理学に偏らない、児童虐待の入門書

『児童虐待——現場からの提言』川崎二三彦著（岩波新書、二〇〇六）

相変わらず児童虐待は増え続けていて、二〇〇五年度には年間三万四〇〇〇件を超えた。一九九〇年度の三〇倍以上である。ところで、児童虐待の報道には必ず引用されているこの虐待件数が、どこでどう数えられたものなのか、あなたは知っているだろうか？

この数字は、全国の児童相談所での児童虐待事件の年間処理件数なのである。日本では児童相談所が、児童虐待への対応の責任を負っている。虐待による子ども死亡事件が起きれば、まず槍玉に挙げられるのが児童相談所だ。「児相《じそう》は何をしていた？」というのが、多くの虐待事件で最初に出る質問である。

児童虐待について、児童相談所がどのような問題を抱えていて前線に立つ人たちがどう思っているのか、実際にどういうことが起こっているのか。この本はそれを解説する。

著者は児童相談所で三〇年にわたって働いてきた児童福祉司で、この問題について最も実情を知る人の一人である。お役所言葉ではなく、自分の言葉でわかりやすく語ってくれる。防衛的でもなく、居丈高でもない。現場をよく知っていて、かつ広い視野も持っている人でないと、複雑な問題をこういう風には書けないだろう。

小学生による殺人事件が起こったというような場合に、加害者である触法少年がとりあえず保護される場所も児童相談所である。発達に障害のある子どもたちの判定や親の相談も児童相談所の業務である。不登校や引きこもりの相談も受ける。児童相談所は日本の子どもの福祉の要となっているところである。虐待問題が深刻化する前は、むしろそういう業務が仕事の中心となっていた。

しかし、今は様変わりだ。児童虐待の対応については、死亡例こそ少し減ってきたが、問題は大きくなるばかりである。ひとことで言って児童相談所は疲れている。

通報を受けて家庭を訪問しても、子どもに会わせようとせず、職員を締め出す親もいる。子どもを一時保護しても、「あんたは人の気持ちがわからんのか。早く子どもを返せ！」「『児童相談所が一生責任を持つ』と一筆入れろ！　だったら〔子どもを施設に入所させることに〕同意してやる」という親もいる。本にある例は全国どこにもある児童相談所の日常のひとこまだろう。

こういう親も含んだ児童虐待三万数千件に対応する児童相談所の児童福祉司の数は、最近でも、全国で二〇〇〇人弱、心理司についてはそれ以下だという。もちろん、虐待だけでなく、従来のほかの業務も含めての数である。

私も児童虐待に関して海外の状況を調べる機会があるのだが、多分虐待に関しては、英米圏の諸国および独仏を含めて、それに対応するソーシャルワーカーが日本のように少ないところはほかにない。フランスなんか、児童保護の制度自体は旧態依然としていて、日本のほうが進んでいると思うところも多々あるが、配置されている職員は桁違いに多い。

また著者はもうひとつ海外と日本の違うところとして、司法の関与の問題をあげているが、同感である。児童虐待を発見し、子どもを保護し、適切な施設や里親にあずけたり、親の教育を行ったりする――こういうことには、人権侵害の可能性がついて回る。司法が導入されないと、介入する側もされる側も、いつも危なっかしい状態にさらされることになる。

この辺の議論もわかりやすく解説されている。心理学に偏らない児童虐待の入門書として薦めたい。

「おいしさ学」の、とりこになります

『人間は脳で食べている』伏木亨著（ちくま新書、二〇〇五）

実録

教養

おいしさには四つの要素があると著者は言う。

そんなの知ってるよ、ほら、甘味と酸味と……と読みながら反射的に思ったのだが、それは味覚の要素であって、おいしさそのものとは違う。著者によればおいしさの構成要素は、

(一) 生理的な欲求に合致
(二) 食文化に合致
(三) 快感のやみつき化
(四) 情報

だという。理科系の本らしくこの結論から本はスタートする。が、第一印象としては、列挙された四つの要素はなんだか不釣合いである。理科系的美

しさに欠ける。

著者が言うには「おいしさ」に関する問題は脳科学から情報学、生理学、人文科学にまで根を張っているから、一見してなかなかわかりにくい分類になるのだということらしい。

でも読むうちに、この「おいしさ学」の説得性と幅の広さにだんだんとりこになっていく。最初の一、二章を読んだところで、まず「おいしさ」という概念について考え方が変わる。

のどが渇けば水がおいしい。それは当り前のことに見えるのだが、この本によれば「おいしさ」は、脳の中に生じる一定の快感であって、食物のほうに存在する属性ではない。だからその流儀でいうと、有名シャトーのワインがおいしいのは、もともとおいしいものにさらにブランドで箔《はく》がつくということではなく、有名シャトーの名前や高い料金やワイン通の知識の蓄積によってもたらされるもの――情報――もおいしさの本体を構成するということなのである。おいしさは脳の中にある。

続いて展開される脳内の神経とおいしさの話は、ほとんど文明論にも聞こえる。おいしさは快感である。脳において快感の生じる仕組みは動物にも見られるのだが「薬物（麻薬などの）の快感や性行動の快感など本能は快感を餌にして動物の行動を操っていることがよく分かる」。動物ももりもり食べているときには「おいしい」と感じているというわけだ。

大脳皮質が発達した人間では、たくさんの情報がおいしさ——快感を形作っていく。

賞味期限の日付、添加物が入っていないという表示、ブランド野菜やブランド肉。

動物は食物の腐ったにおいや味といった直接的な感覚で危険な食物を判断する。少しずつ警戒しながら食べる。人間だってその機能がまったくなくなっているわけではないが、腐ったもののにおいをかいだり口に入れたりする前に、不愉快な経験をせず安全に判断したいというわけである。しかし情報が妥当かどうかは野菜を見てもわからない。行き過ぎればこっけいな情景が展開されることは想像できる。

「快感を過剰に欲求する人間のような動物の末路がどうなるのかは、あまり言いたくはないが明らかである。知ってしまった快感は後戻りできない。やみつきになるほどおいしいものはこれからもますます増えるであろう。

（中略）本能の快感は生命維持とは関係のない楽しみのために忙しい。人間の食生活は動物としてのシンプルな原理を逸脱し、栄養素としての出入りさえも伴わないバーチャルな世界に踏み込むだろう。」

あっさりした明るい文章、平静な論理の進め方、読みやすい新書。なのに、深いところにペシミズムがただよう。食は生の基本だから。

高齢者は「新しいマイノリティ」なのだ

『「顧客」としての高齢者ケア』横内正利著（ＮＨＫブックス、二〇〇一）

実録
人生
働く

認知症、寝たきり。

人生の最後の時期にこのような状態となることは、特殊な病的な状態、また哀れむべき状態である、と思われてきた。認知症になるくらいなら死んだ方がましという言葉は多くの人が普通に口にすることである。

「特養ホームで生活する寝たきりの母が、おむつ交換のたびに恥ずかしそうな顔をするのです。それが『最期に残された人間らしさ』なのではないでしょうか。」という雑誌への投書を取り上げて、著者はこう言う。

――では、もし、おむつ交換の時の羞恥心がなくなったら、「全く人間らしさのない」人間ということになってしまうではないか。……おむつが避けられない状態は「人間的でない状態」ということになり、したがって「生きていても意味のない状態」であり、忌み嫌うべき状態であり、本人もそう思っているにちがいないという誤解と偏見から抜け出せないことになってしまう――

著者は老年医学の専門家であり、多くの老人と実際に接してきた人である。著者によれば、排泄が独力ではできなくなるといったことがあっても、はじめにショックはあるものの、多くの高齢者はやがては自分の「老い」を受け入れ、平穏にまた楽しく生活しているのだと言う。知的能力の低下もむしろその援護となる。本のなかには一〇〇に近い高齢者の事例が紹介されていて、興味深い。

高齢者、特に認知症や寝たきりの状態にある高齢者は、新しいマイノリティなのだと。この本を読んでいて思った。サイレント・マイノリティである。例えば、心身の障害者という集団と同じように、自分たちの立場からの発言が少ないために、非障害者からの勝手な思いこみや思惑によって「かわいそう」とか「無力でなんの希望もない」とか決めつけられてしまう。無力であるという理由で、自分の生活が人によって決められてしまうこともあって、善意のようでいて、実は深く傷つけられることも多い。よく聞いたり、本人の立場から考えたりしてみれば、人が一面的に思っているのとは違う現実があることがだんだん見えてくる。

若い人間と同じように生きられるスーパー老人だけが、もてはやされるということは、結局は老いの拒否であり、認知症や寝たきりのような状態を人間の常態のひとつとして受け入れないと言うことである。

発言のできない弱い高齢者も、自分にも周囲にも老いのそのままの状態が受け入れられること、受けたいサービスを受け、受けたくないサービスを拒否し、生活の質を保ち、気持ちよく生きられることが大事なことは当然だろう。

「気持ちよく」というところが日本ではすぐに「わがまま」と言われがちである。でも、ただ気分よくいたいために健康に悪いけれど酒を飲んだり、好きなものを食べたり、無駄なお金を使ったりする私たちと、認知症になった人が何か異なるわけではない。

今の老人医学などに対する怒りが先走って、やや乱暴さを感じるところもあるのだが、きっとこの短い文章では言い足りていないことが多いのだろう。認知症高齢者に接するのには、自分の会社の社長に接するように接するのがよいのだ、福祉というよりサービスだと考えたほうがいいという著者の主張には考えさせられる点がたくさんある。

村上龍ってすっごく健全！

『「教育の崩壊」という嘘』村上龍著（ＮＨＫ出版、二〇〇一）

実録
教養

「社会的に発言したいと思っているわけではない。私の作品を読んだ人々が、わたしに発言を要求するようになったのだ」

本書は『希望の国のエクソダス』以来、教育について語る機会が多くなった村上龍と、教育にかかわる専門家との対談鼎談《ていだん》集である。登場するのは、昨年夏に問題行動生徒を出席停止の対象とした広島の校長藤原幸博、プロ教師の会主宰河上亮一、母子関係の心理臨床家二沢直子、心理経済学の妙木浩之など七人。その多くは実際に子どもに関わっている人たちである。

まずは、対談ホストとしての村上龍はとても受容的だというのが意外な第一印象である。よく聞き対談者との共通点を見つけるのがうまい。

だって、この本の喧嘩腰のタイトルからしたって、河上亮一と村上龍が激しい論争にならないわけないと思うでしょう。もちろん二人は完全にかみ合っているわけはなく、対談を繰り返して読んで見ると、決裂しそうになる度に話題が転換されている。うまく回避されているのだ。

いろいろな視点から意見が述べられるが、現状について、確かにすべての論者が一致していると思える点がある。それは教育において、また社会全体において「権威によるコントロール」が崩壊している、という点である。そしてその崩壊が単に、親のせいであったり教師のせいであったりするわけではないことも、実際に子どもや親と付き合っている人たちには、共通に理解されているようだ。

それは基本的には悪いことではない、とする村上の考え方は文中に何度も示されている。私だって今の社会と高度成長期以前の社会のどちらを選ぶかと言われたら、今のほうを選ぶ。基本的に私たちは豊かになり、選択肢が増え、すくなくとも自分の言葉でものが言いやすくなった。実際、戦争中も、一九六〇年代ころにも全体として日本の社会の「権威」は十分うそくさかったのだし。

ではどうすればいいか。学校教育に「権威によるコントロール」を取り戻せばいいのか。これについてはもちろん村上の答えはＮＯである。「権威によるコントロール」の復活、「それは多くの人に魅力的に映る。親と教師に大前提的な権威さえ付与できれば、後は全くコストがかからないからだ。そういう人々には共通点がある。変化に対応しようと言うインセンティブを持たないと言うことだ。彼らは何らかの既得権益を持っていて、変化に対応することで利益を失う層なのである」。

権威によって統治される社会から、コミュニケーションと明確なルールに基づく社会に変えるためには、高いコストをはらう必要がある。いや本当にその通りと思いますねえ。コストに関する決意、必要だよ。村上龍ってすごく健全。

最後にひとつだけ、私が納得できないところ。それは正しく自分の将来の損得を評価させることで、子どもに教育を受けるモチベーションを持たせようという提案である。ほぼ健康な子どもにはいいかもしれない。けれども、それなりの適応が図れない、自分のことが好きになれない子どもには、この方法は難しいんじゃないだろうか。損得や合理性ってとても健康的なものなのだ。こういう子どもとのコミュニケーション策は別に必要だと思う。

世紀をまたぐ精神医学のダイナミックな流れ

『精神医学の二十世紀』ピエール・ピショー著／帚木蓬生、大西守訳（新潮選書、一九九九）

実録
教養

一八八〇年代、フランス精神医学が世界の最先端であったころから、この本の記述は始まっている。もちろん、向精神薬もなく、精神分裂病の概念もできあがっておらず、神経症は精神医学の対象ではなく、心理テストと呼ばれるようなものもなかった時代である。精神病院はあったが、基本的には精神病の人を収容するための施設であった。

この当時、フランスのサルペトリエール病院は世界の精神医学の中心として注目を集めていた。フランスの国内では、シャルコー、ラゼーグ、マニャンといった歴史に名を残す研究者たちが活動していたのである。

こんな風に紹介を始めると、ああフランス中華思想による精神医学史ね、と本を手に取る気持ちのなくなる人もいるかもしれない。なにしろ、著者のピショーは一九一八年生まれのフランス精神医学界の重鎮である。フランス精神医学は、独自の歴史と精神病観を築いてきたから、本の著者と題を見ると、最初は確かにそんな気がしてくるのである。

でも読んでみると、そうではないことがわかる。ピショーは単に優秀な学究というだけではなく、懐の深い、見識のある人らしい（そんなえらそうなこと言ったらおこられちゃいそうだけれど）。この本はとてもバランス良くできている。フランス、ドイツだけでなく、イギリスについても、ソ連やスペインやイタリアについてもそれなりの分量の記述があり、第一次世界大戦後のアメリカについても大きなスペースを割いている。ナチスの問題も扱われている。地域医療や社会精神医学の問題も何度も登場する。精神分析のことばかり取り上げたり、逆にまったく無視したりということもない。

精神医学の流れは一九世紀のフランス学派から、クレペリンやヤスパースを擁するドイツへ、そしてアメリカへと一〇〇年の間に移っていく。

一九世紀前半のフランス精神医学は、パリの大学院の精神科医長たちによって築かれた。対してドイツ精神医学の急速な台頭は大学病院の整備によるところが大きいという。一九〇〇年ごろの大学における精神医学講座の数は、ドイツがフランスを圧倒しており、このような研究教育態勢の整備が後の興隆をもたらすことになった。

一八八〇年から第一次世界大戦までの間、ドイツ語圏の精神医学は世界の最高峰であったとピショーは言う。日本にもこのころのドイツ精神医学は盛んに輸入された。耳に親しい名前がたくさん登場する。そして、その中でもエミール・クレペリンは第一の成果をあげた精神医学者であった。

クレペリンは粘り強く疾病分類を続け、近代的な臨床精神医学を樹立し、現代においても世界中で使われている精神医学における疾患の基本的な図式を確立した。精神医学の教科書で教えられる精神病の概念や、その他の疾患の位置付けは、基本的にはクレペリンによるところが大きいのである。原因も不明で根本的な治療も見つからない時代に正確な観察で「疾病の博物誌」を作った人がクレペリンであった。

ではフロイトはどうだったのだろう？　フロイトも同じ時代にウィーンで活動していた。フロイトは大学教授にならず、私的なサークルにおいて精神分析を創始した。ピショーはこんな風に評価している。「思想史におけるフロイトの抜きん出た役割にもかかわらず、彼はずっと後になってようやく、精神医学に強い影響を及ぼすようになる」。

精神分析が本当に精神医学全体に影響を与え始めるのは、精神分析家たちがナチスを逃れてアメリカに移住し、戦争が終わって、アメリカ精神医学に組み込まれてからのことである。

精神医学の流れの中にあるたくさんの重要なエピソードが、これでもかというくらい盛り込まれている。

でもそれが単なる羅列に終わらず、互いに結び合い、響きあって、流れの行方を示しているところがすごい。またその流れを描写にするにとどまらず、冷静に分析もし、評価も行っているのもすごい。だって読み終わると、ダイナミックな精神医学の流れが二〇世紀を駆け抜け、二一世紀に流れていくところが、ちょっとは見えるような気がするもの。断片的な知識が、頭の中にごちゃごちゃと積み重なっている感じの人にはぜひ勧めたい本。「これ一冊ですべてがわかる」と帯に書いてあるが、精神医学について何も知らないという人にはちょっとハードかもしれない。

新潮社がこの翻訳を選書にして廉価《れんか》にしてくれたのはありがたいけれど、コストパフォーマンスが良すぎて、二五〇ページ二段組、一部は三段組の詰まり具合はちょっときびしい。巻末についている人名索引は、質のいい精神医学人名辞典としても使えそうだが、もうちょっと引用ページを精選してもらえればもっとよかった。

困っている人たちの苦痛や状況を想像できますか？

『離婚後300日問題　無戸籍児を救え！』毎日新聞社会部著（明石書店、二〇〇八）

実録　人生

二〇〇八年九月二日、新聞に「無戸籍」一歳児と二四歳女性に外務省が旅券発給を決めたという記事が載った。毎日新聞の読者なら、このニュースの意味や、ここに至る問題の経緯を知っている人も多いだろう。

民法772条の規定は、明治三一年、一九世紀の末に作られた。「①妻が婚姻中に懐胎（妊娠）した子は、夫の子と推定する。②婚姻の成立の日から200日を経過した後または婚姻の解消もしくは取消しの日から300日以内に生まれた子は、婚姻中に懐胎（妊娠）したものと推定する」と書かれている。

この法律に従えば離婚して別の男性の子どもを妊娠した場合でも、離婚後300日以内に生まれた子は、自動的に前の夫の子と推定される。だから、出生届を出せば、父親欄に書かれる名前は前夫の名前になり、前夫の戸籍にはいる。事実と一致した親の名前を記載した出生届は自治体に受理してもらえない。

これを解決するためには、親子関係不存在確認の裁判が必要となる。戸籍で前夫とかかわりになるのを避けるなら、あるいは前夫が協力しないなら、子どもは戸籍がないままとなり、住民登録もできなくなる。そうすると予防注射や検診などの案内も来ない。就学、就職、婚姻など、将来にわたって不利を受けることになる。たとえ関係者すべてが協力的だったとしても、戸籍にはそのことが記載される。

この問題に対する毎日新聞の一連の報道の最初は二〇〇六年一二月の記事である。二〇〇八年七月の時点まで、一年半余りの新聞の記事を基に、離婚後300日問題についての当事者の状況や行政や司法の動きをまとめたのがこの本である。

ぼんやりこの問題を眺めたときに、多くの人が思うことは、とりあえず手続きに従って親が戸籍を作ってやればいいのではないか、わざわざそんなときに子どもを産まなくてもいいのではないか、ということかもしれない。でもそのとき想像されているのは、離婚の話し合いを冷静に進める夫婦や、満期産で生まれてくる子どものことだけである。

実際には、離婚も出産もそんな状況ではないことがたくさんある。東京に住む女性の例が紹介されている。前夫と離婚後半年過ぎてから現夫と再婚した。再婚後、妊娠したが切迫早産で離婚後292日で超未熟児を出産することになった。予定日から考えても、絶対前夫の子ではないのに、医師の証明があっても、現在の夫を父親とする出生届を役所に受け付けてもらえなかった。相談された弁護士は「772条は何と無駄なエネルギーと費用を浪費させ、ストレスを当事者に与える法律だろうと感じた。（中略）どの方法をとっても、別れたはずの前夫の協力を必要とする。ようやく前夫から逃れてきたという人にとっては、酷な手続きである」と記している。

ドメスティック・バイオレンスの被害者には、前夫にかかわると、暴力やストーキングが怖いという人もいる。裁判への呼び出しなど不可能である。また、長年にわたって嫌がらせのように離婚を拒否する夫も現実にいるのを私は知っている。このような場合にも、子どもの戸籍の問題が起きやすくなりそうである。

実は問題は法律と身体と感情と社会のそれぞれの領域にまたがっている。だからこそ、法改正になかなか至らない。今、普通に考えるなら親子関係の決め手はDNAだろう。しかしDNAが親を決める――つまり生物学的に親が決まるとしたとたんに、根本的な問題に直面せざるを得なくなる。結婚していたって、配偶者以外の子どもも生まれることもあるのでは？　代理母や人工授精では？　じゃあ結婚って何？　親子って何？　戸籍って何？　と家族制度の基本問題に突入していかざるを得ない。保守派が、772条問題に対して消極的な理由もそこにある。ある保守派の議員は、DNA鑑定の採用は婚姻制度を崩壊させる「アリの一穴」と表現している。

しかし、本ではそのことを正面からは議論していない。こういう困っている人たちがいるじゃないか――あくまで問題を具体的に積み上げ、普通の生活をしているつもりだったのに理不尽な目にあう人たちを描き出す。

最初、この問題で婚姻制度の話に進まないのは不十分だと思った。でも、もし理論的に突き進んだのなら、キャンペーンは成功しなかっただろうと、本を読んで思いなおした。

困っている少数の人たちの苦痛や状況を、多数の人はなかなか想像できない。人のアタマはけっこう想像力貧困にできている。政治家だって司法の専門家だってそうである。それを納得できる形で多くの人に伝えるという点で、メディアにかなうものはない。けれど新聞は理論家ではないし活動家でもない。

本は、どちらかに落ちそうになる細い道の上を何とかバランスを取って歩いた軌跡という気がする。「現実の子どもの幸せ」を優先した姿勢が、社会に何歩かの具体的な進展をもたらしたことを評価したい。

家族のかたちとともに変化する「こだわり」の病理

『拒食と過食の心理――治療者のまなざし』下坂幸三著（岩波書店、一九九九）

人生
働く
心理

一九九九年、私は女子大に勤務することになった。二〇歳前後の若い女の子をこんなにたくさん見るのは、二〇年ぶりくらいである。女の子に囲まれて最初に思ったことは、率直に言うと「体格が貧弱！」ということであった。二〇年の平均身長の伸びから考えて、縦にも横にも体格のいい女の子たちに、チビの私は埋まってしまうのではないかと言う気がしていたのに、実際はみんなやせているのである。だいぶ無理している子も多いような気がする。こんな風に体重を抑えるのは、かなり大変なことだと思う。食事のたびにストレスがかかりそうだ。

拒食症や過食症が一般にもよく知られるようになったのは、いつごろのことだろうか。一九八〇年代には、若い女の子にそういう病気があることは、かなりの人が知っていたと思う。

でも、この本によれば著者は一九五五年ごろから摂食障害者の治療にあたっていたそうだ。一九五五年と言えばまだ高度経済成長も始まらぬ「戦後」である。ずいぶん前から摂食障害はあったのである。

いや、それどころか摂食障害の医学史のところを読んでみると、ヨーロッパでは一六世紀ぐらいから拒食症と思われる娘の記録が残っているという。何年にもわたってものを口にしない「奇跡の乙女」たちのことが報告されている。そして一七世紀になれば、もう現代と変わらぬ症状の記述が医師によって行われるようになってくる神経性無食欲症《アノレキシア・ネルヴォーザ》という言葉が使われだすのは一九世紀のことである。

この本は著者の臨床経験だけでなく、歴史や文学にも手を伸ばしているのが特徴で、文学における摂食の障害を論じた章もある。摂食障害の本質を知るにも役に立つし、面白い。倉橋由美子、松本侑子、岡本かの子の作品が取り上げられる。

たとえば倉橋由美子の『どこにもない場所』は「……無食欲症とおぼしい作家のＬやその狂った母を筆頭とする登場人物にみられる、口唇・食人的な衝動を代表とするいわゆる前性器的な衝動の氾濫、Lにおける性的拒否と性的関心との混交などはすぐに目に付く。食生活にあらわとなる不自然さは、性の世界における不自然さと照応し合う。（中略）あらわなのは母への憎悪である」。そのかげには「乳幼児のような一途の愛情希求がみてとれる」「現実の摂食障害者もまったくこの通り」と、分析されている。

摂食障害の娘にとっては、母の存在が良くも悪くも非常に大きいことが本のあちこちで示される。摂食障害者の家族は「心理的枠組みが強固であり、親がよいと思ったことは子どもに押し付けてゆき、親は最善を尽くしたと思っている」。母親が勝って、父親が不在の、表面上は両親の仲に問題はなさそうな家庭。摂食障害の治療には、個人療法だけではなく、家族療法が必要だと著者は強調している。地道で繊細な家族療法の実際は、心理療法を知らない人にも強い印象を残すだろう。

こういう父不在で心理的に緊密な核家族というのは、ここ二、三〇年、日本の中流都市家庭の典型だったんだなあ、としみじみ思うが、同時に、そういう家族も今や崩壊しつつあると私は感じている。家庭にはいない父親の居場所であった日本株式会社も崩れつつあるし、母親は子どもより自分のことに熱心だ。人は家族をはじめ、いろんなことに「こだわり」を持てなくなっている。食べることへの「こだわり」の病理も、バラバラになった家族の中で、これからまた変わっていくのではないか。そんな予感がするんだけれど。

※著者は摂食障害の専門家として有名な人だったが、二〇〇六年に亡くなった。一時代が終わったと言える。

PTSDという疾病概念の持つパワーと危うさ

『父―娘　近親姦――「家族」の闇を照らす』ジュディス・L・ハーマン／斎藤学訳（誠信書房、二〇〇〇）
『PTSDの医療人類学』アラン・ヤング著／中井久夫他訳（みすず書房、二〇〇一）

実録　教養　心理

二〇〇〇年から二〇〇一年にかけてPTSDに関する対照的でかつどちらも重量級の訳書が二冊、出版された。

『父―娘　近親姦』はフェミニストの精神医学者ジュディス・L・ハーマンの、近親姦の実態に迫る著作。実は近親姦はありふれたものなのに、それを無視する構造が社会にあることを指摘する。原著はアメリカで一九八一年に出版された。斎藤学訳。

もう二〇年前の本だからアメリカでは歴史的な価値を持つということになるのかもしれないけれど、日本に持ってくるとそうでもない。一九七〇年代後半のアメリカの状況は、今の日本の状況によく似ている。近親姦が人々に見えていないこと、大人の男性の視点からの通説だけが一人歩きしていること、多くの子どもが被害に遭い、そのために苦痛に満ちた一生を送ること、けれども偏見を排して調査をすると、近親からの性的被害の経験率はどう見積もっても一割以上になること、被害女性も自ら動き始めていること。

一九七〇年代にアメリカのフェミニズムは大きく進展したが、ハーマンの文章は情熱的で、本全体にそのころの若々しさが漂っている。情熱のせいで、論理があらっぽいと思うところもあるが、政治的で月並みな本とはちがっている。著者は共感的で、被害を受けた女性のすぐ近くにいる。

『PTSDの医療人類学』のほうは、PTSDという「病気」の成立過程に関する、文化人類学的考察を行う。なんて言ってもわかってもらえなさそうだけど、医療人類学は、医療や病についての人間の思考や行為を文化人類学的に研究する学問。こちらはうーんと距離をおいて病気や医療をクールに分析する感じですね。

心的外傷の歴史、アメリカの精神医学診断体系におけるPTSDの概念変遷の問題、PTSD研究や臨床に大きな場所を占めてきた、アメリカの退役軍人局の国立PTSDセンターにおけるベトナム帰還兵の実態などを扱う。人類学者アラン・ヤングの原著は一九九五年に出版されていて、中井久夫、他訳。

時に論理学的、時にルポルタージュ的。PTSDの危ないところ、曖昧《あいまい》なところを明確に言語化している。頭が整理され、とても勉強になった。でも臨床より、PTSDのテクストの方を重視するのは本末転倒な気もしたけど、人類学者なんだから資料を重視するのも当然なのだろう。中井先生に怒られちゃうかもしれないけど、「PTSDの真相」について『文藝春秋』と『世界』が合わさって特集記事を組んだら、こんなかなーという気もしましたね。

どちらも、賞をもらっている。アメリカ社会に衝撃を与えた本で、一冊だけでも十分この書評欄の対象になりうる。さてどちらにしようかと思いながら読み始めたのだが、両方読んでいるうち考えが変わった。これはホットとクール、共感と切断、両方並べるところに意味がある。PTSDという疾病概念の持つ、パワーと危うさの両面が、二つの本に見事に示されている。

今や心的外傷やPTSDの分野はひろい範囲の人たちの関心を集めているのに、日本語で読める体系的な専門書は少なく、情報の需要が増えるばかりなのに供給が追いついていない。明らかに欧米のほうが研究が進んでいるので、英語だと一般書にも専門書にも良書もたくさんあるのだが。だから一般の人が日本語でトラウマ関連の本を読もうとすると、ノンフィクションやミステリーが一番多いという状況になっている。

神戸は、日本のPTSD研究のひとつの中心になっている。いうまでもなく阪神淡路大震災の経験がそれをもたらした。神戸からは中井久夫を中心に一九九六年ハーマンの『心的外傷と回復』(みすず書房)、二〇〇〇年にパットナム『多重人格性障害』など重要な本の翻訳が生まれていて、関係者としてはとてもありがたいことである。

震災の翌年に出版された『心的外傷と回復』は、実は『父―娘　近親姦』より一〇年以上後で書かれたものなのだが、性的虐待やドメスティックバイオレンスの被害を受けた女性のトラウマとその回復について力強く語る。この本は日本での出版後、虐待の被害者や対人暴力の被害女性と実際に接する臨床家や援助者にとって一種のバイブルになった。こんなに高価なのに版を重ねている本を私は他に知らない。出版後に、決して読みやすくないハーマンの文章を一字一句理解しようと、各地で読書会が持たれていたのも知っている。

訳者は、そもそもハーマンの『心的外傷と回復』と同時にこのヤングの

『医療人類学』を翻訳してバランスをとりたいと考えていたという。しかし、一方の翻訳が遅れて、二つの出版には五年の間があいた。しかし、ハーマンの最初の有名な著作『父―娘　近親姦』が出版されて、その趣向が今回、図らずも実現したということかもしれない。

この五年の間に日本におけるＰＴＳＤに関する情報の量は桁違いに大きくなった。ＰＴＳＤは錦の御旗ではなく、建設中の疾病概念であるということがこの二冊から読み取ってもらえたらいいのだけど。

この本、お買い得です

『快適睡眠のすすめ』堀忠雄著（岩波新書、二〇〇〇）

実録
人生
実用

　昼下がりに居眠り。経験のない人なんていないだろう。セミはみんみん鳴いているし。テレビからは高校野球の応援が聞こえてくるし。その音の中で知らないうちに眠りに落ちる。至福の一瞬である。

　さて、この午後の眠気が起こるのは、昼食の消化に血液を取られて、頭に行く血が少なくなるから、といつか誰かに教えられたような気がする。そうか、とぼんやり納得していたのだけど、それだったら、朝食の後にも、夕食の後にも、同じくらい眠くなってもいいはずだと著者は言う。そうして、食事や睡眠の条件を統制しても、つまり、ちまちまと一日中食べるようにして、ちまちまとちょっとずつ眠るようにしても、健康な大人には午後二時くらいには眠気がやってくることが実験で示される。昼にも睡眠のリズムがあるのだ。

成人の眠気は、三種類のリズムに支配されているという。まず、二四時間周期で起こる眠気は、あけがたの四時から六時に最大値となる。それからもう一つ一二時間周期のリズムがあり、これは毎三時から四時に眠気最高となる。午後は昼寝の時間だし、午前は二四時間周期の方と重なっている。さらにそんなに強くないけれど約二時間周期の眠気のリズムがある。このリズムで行くと人間がもっとも眠くないのは午後七時だそうである。

午後に昼寝して、夜遅くまで遊ぶ、シエスタのある国は、人間のありのままを認める、よい国だということになる。

睡眠は「意識を失うこと」、一時的な「死」であって、寝ている間は人は何も知らない、何もできない、というのが、古来のイメージである。

でもこの本を読むと、睡眠の間は意識の水準が「低下」しているだけであり、睡眠の間も人間は生活し、反応しているのだということが理解される。自分で覚えてないだけだ。寝ている間もかなりの場合、人は刺激を弁別し、単語反復やボタン押しの課題をやってのける。だったら、赤ちゃんの泣き声だけに母親が反応したり、目覚し時計なしでも自分が思い定めた時間に覚醒することができる人がいるのも、そんなに不思議なことじゃない。

睡眠の研究は医学、生理学の中で一分野を成している。だからこの本に書いてあることはちゃんとした研究の成果なのだけれど、紹介されている睡眠の実験はみな面白い。味わい深いと言おうか。

眠気の実験では、眠気の程度を問う質問項目の中に「ふとんが恋しい」というのがあって、そのリアリティに泣かされるし、「ここで気をつけなければならないのは、眠気が強くなってきた被験者はひじょうに不機嫌になったり、判断が雑になったりするので、正確にはかろうとあれこれスケールをふやすと、かえってデータの信頼性や安定性がそこなわれることもある。ここらのかねあいがなかなかむずかしい」のだそうである。そうでしょうとも。睡眠の研究者のみなさま、ご苦労さまでございます。自分も睡眠不足になるでしょうに。

仕事でいつも睡眠不足なのに、車で遠距離通勤をしなくてはならない私にとっては、睡眠は切実な問題なのだが、この本を読んで、たくさん役に立つことがあった。頭の整理にも役だったし、気持ちも楽になった。試行錯誤をくり返した挙句、獲得した私なりのノウハウが理論的にもなかなかいけることもわかった。

岩波新書、七〇〇円＋税はお買い得です。

働いてもどうにもならない貧困

『ワーキング・プア　アメリカの下層社会』デイヴィッド・K・シプラー著／森岡孝二他訳（岩波書店、二〇〇七）

実録　人生　働く

スーパーマーケットのレジや駐車場の入り口で、不機嫌そうに働く人たちの姿は、米国に行った時に強い印象を受けるもののひとつである。デリでサラダを頼むと、どさっと野菜をボウルに投げ入れてマニュアルどおりに作ってくれる。けれど、レタスにも、トマトにも、店にも、客にも、何の関心もないみたい。しゃべりたくもないみたい。ただ働いて、時間がくるまで耐えているように見える。日本にも不親切な店員はたくさんいるが、こんな風に絶望と無関心をあらわにしている人はめずらしい。

こういう人たちの服装もしばしばアンバランスな感じがして、私には不思議だった。洋服が破れていたり、靴が壊れかけていたりするのに、一方で、奇抜なドレッドヘアや、凝ったネイルや刺青《いれずみ》など、どう見ても高価な身体装飾がなされていたりする。私はこの人たちの生活を、うまく想像することができなかった。その疑問は、この本を読んで氷解した。この本に描かれるアメリカの貧困の像は、私の見た不機嫌な労働者そのものであったからである。

最低賃金に近い時給で働き、長時間働いても昇給も昇進も期待できない。生活費に余裕はないから、家の整備ができない。そのせいで子どもの喘息《ぜんそく》が悪化するが、医療保険に入れないから、治療は最小限になり、医療費がかさむ。それがクレジットカードの借金となり、そのせいで、借金の利率は上がり、さらに生活費を圧迫する。通勤のための車が買えなくなり、有利な仕事につくチャンスを逃す。さらに長い時間の労働が必要になる。悪循環が構造的に生じていく。生活保護や食料切符があるとしても、ブッシュ政権下ではそれがさらに削られている。

アメリカの貧困は、上昇とセットになって語られるのが常だった。「働けば食べられる」「がんばれば成功する」という神話のある国で、働いてもどうにもならない貧困に絡め取られた階層があることを、著者は語る。貧しい人たちの生活を綿密に取材した事例の数々には、圧倒的な力がある。二〇〇四年に出版されたこの本は、アメリカでも多くの反響を呼んだ。

外形的な貧困にかかわる問題だけでなく、より心理的な問題にも目が向けられているのも特徴だろう。お金がなければ、安い野菜や食品を買って自分で調理するのが一番経済的なはずだが、貧困者は、長時間労働で疲れきって、あるいは抑うつ状態で家事ができなくて、あるいはそういう調理法を誰からも学ぶことなく育って、割高なジャンクフードや外食に多くの食費を払うことになる。

家族が仕事で忙しいために、また気力が持てないために、どうやって関わってよいかわからないために、子どもへのケアやしつけが放棄される。虐待やネグレクトが高頻度で起こる。子どもは対人関係も生活の技術も学ぶことなく、いつ暴力を振るわれるかわからない環境で大人になるが、そのような状況で、満足な安定した仕事につけるわけはない。貧困は、家庭の中でも弱者である子どもに強い圧迫を加え、それが次世代にも大きな影響を及ぼし、貧困の継続が生じる。

クレジットカードと車を持ち、コーラをたらふく飲みながら破産する。文化や家族の絆《きずな》が崩壊したまま子どもが子どもを育てる。同じことが日本でも起き始めているのだとすれば、どの店に行っても、表情に絶望を漂わせた店員に出くわすのも、日本でもそう遠くない、ということになる。

第5章

読み出したら止まらない「お楽しみ」

挿絵がこわくて、すばらしい

『細菌人間』筒井康隆著（出版芸術社、二〇〇〇）

小説

この書評欄の女性読者の割合はどれくらいなのだろう。中高年では、女性の方がよく本を読み教養があるという話もあるし、女性読者からお手紙をもらったこともあるから、きっとけっこういると思う。

ところで、そのなかに、一九六〇年代に、ひそかに『少年サンデー』を読み、『ボーイズライフ』を読んでいた人はいないだろうか。そう、『少女フレンド』発刊と同時期のころのことである。『少女フレンド』の発刊と『ボーイズライフ』の発刊は、同じ一九六三年。東京オリンピックの一年前である。ちなみに『少年サンデー』『少年マガジン』はその少し前に発刊されている。

当時は、性役割は自明のものとして存在していたから、小学生の私は、女の子は女の子の雑誌を読むべきだ、と思いながら、少年雑誌に強く惹《ひ》かれる自分に不安なものを感じていた。特に『ボーイズライフ』に興味を感じていることについては、けっこうな不安を持った。本屋に行ってボーイズライフを買ってくる自分の性的アイデンティティについて、私は決して積極的な感情は持てなかった。ボーイズライフの話を友達にはしたこともなかったし、しようとも思わなかった。多分、私は、同年代の男性よりもずっと屈折した気持ちを少年雑誌について抱いていたと思う。

本書『細菌人間』は六〇年代に書かれた筒井康隆ジュブナイル作品五つを集めたもので、本書収録作品の初出は

「十万光年の追跡者」（ボーイズライフ）六五年
「四枚のジャック」（ボーイズライフ）六五年
「細菌人間」（週刊少年サンデー）六六年

などとなっていて、なんともなつかしい。

六〇年代は日本のSF草分けの時代で、星新一の次の世代である筒井康隆や小松左京、豊田有恒《とよたありつね》らがほぼ同時にデビューし、ジュブナイル作品を残している。少年雑誌にとっては贅沢な時代だったのである。

「細菌人間」は映画「ミクロの決死圏」を思わせる。科学好きの少年が、

マイクロ光線で小さくなって、父のからだに侵入し、大脳に巣食うオリオン星人をやっつけるお話。最後に涙の流れに乗って体外に脱出するところまで同じ。解説によると、この発想は手塚治虫のアイデアをアメリカ映画が後追いしたもので、この「細菌人間」も映画に影響されたものではないらしい。異星人に大脳をのっとられる父親の描写がこわくて、ついでに解説のページにある小松崎茂の挿絵がこわくて、すばらしい。もっといっぱい描いてよ、遠慮しないで、と言いたくなる。節度があって話がどんどん進むのが、不健康な大人としてはやや残念だ。

「四枚のジャック」は地球連合宇宙軍所属士官学校の卒業間近の士官候補生がポーカーをする場面から始まる。日本人の話になってるけど、「レンズマン」みたい。これも解説によると古典的なイギリスの大衆小説「四枚の羽根」のSF化であるという。間違うとセンチメンタルな英雄譚《たん》になりそうなところが、筒井康隆が書くからか、不思議なドライさにまとまっている。

「闇につげる声」の主人公は、テレパシー、テレキネシスなどの能力を持つ中学生エスパー。これは著者の後の作「七瀬ふたたび」のエスパーたちの悲劇的な結末を思い起こさせる。

悪人はどの話でもなぜか「オリオン星人」ということになっているけれど、それぞれ全く異なった基本的なSFのテーマをおしげもなく使っていて、子ども向けに短くするのはもったいないくらいだ。一応、正統的な勇気ある頭の良い科学少年が主人公で、希望に満ちたジュブナイルとしての約束を守ってはいるのだけれども、なんだかむりやりブレーキをかけてるように思えるところもある。

今だったらこの話を筒井康隆はどう書くだろう、とついあれこれ想像するが、これもこの本の楽しみのひとつだといえるだろう。『細菌人間』とほぼ同時に『魚藍観音記』(新潮社)という最近の短編集も発売されたから、両方読んでみるのもいいかもしれない。こちらは完全大人向けである。

大人で思い出したが、『細菌人間』では各話に出てくる女性の多くが、科学に弱く、論理的な思考をせず、現実から一歩も離れない。男の優位性ははっきりしている。優秀な科学者や指導者が女性であることもめずらしくない現代のSFからすると、六〇年代ならではの女性像だとも思えるが、私はちょっと心が痛む。

後ろめたい気持ちでボーイズライフを買って、SFの面白さに感動しながら、かつ、私はその中に、こういう女性像しか読むことができなかった。私が自分の性に対して安定した気持ちを持てるようになるまで、長い時間が必要だったのも当然だったと思う。

何にせよ、こんな面白い話が好きだった私って、すごくまともってことじゃない！　今回の私の第一の感想はこれ。

カビ掃除って、生き物を殺すことなんですね

『動物からの倫理学入門』伊勢田哲治著（名古屋大学出版会、二〇〇八）

実録

教養

佐渡のトキは大切に保護されているが、世界では数え切れないほどの動物が毎日食肉処理されている。私たちの食生活は動物の大量殺戮《さつりく》の上に成り立っている。本書によれば、鶏は日本に三億羽近くいるそうだ。人間の数よりも多い。鶏が動けないくらいぎゅうぎゅうにケージに詰め込む飼い方もあるらしい。その方が面積当たりの卵の数は多いのだそうである。まるっきり工場製品みたいである。トキと鶏に対するこの価値判断の違いにどのように理屈がつけられるのだろうか。

食肉だけでなく、動物実験や動物園での飼育、野生動物の保護の問題など物に関する倫理にはホットな問題がたくさんある。人間の動物に対する行動や感情は複雑で矛盾が多い。ペットロスでうつ状態になりながら、おいしい

ハムを探すのに余念がなく、動物実験の成果である新薬を使いながら、動物園のチンパンジーのストレスを憂慮する。

この本は動物に関する倫理の問題を論じながら、現代の英米の倫理学を中心に紹介する入門書である。この本を読む限り、論理的に極限状況を想定してみて理論の是非を検討していくというのが倫理学の——あるいは著者の——常套《じょうとう》手段であるらしく、動物の事例を検討することは、人間についての議論を試すにもうってつけなのである。

著者の言う通り、「できるだけ一般の人にも読みやすいよう、避けられるところでは哲学業界用語を避け、避けられないときにはできるだけ説明をつけ、言葉遣いも平易に」書かれている。正直言って倫理学の本なんて大学の教養課程でも読んだ記憶がない。犯罪や医学の研究にかかわっているから、「倫理」という言葉には、いやおうなく付き合わざるを得ないのだけれども、こんな横書き三六四ページの倫理学入門を、ともかく苦痛なく読み通せたのは意外だった。パズルみたいな面白さもあるし、実際の自分の仕事の問題——人の暴力とか支配とかトラウマ記憶とか——をいろいろ考えながら読めるのである。この本のように倫理学を教えてくれる人がいたら、少しは頭の風通しがよくなって、複雑な臨床の現実も、もうちょっとよく考えられるかもしれない。

まずは功利主義の説明から始まり、義務論でカントを説明し、次の章でヒュームの法則「『である』から『べきである』は導き出せない」に進む。この辺は王道をわかりやすく、という感じである。後半は、動物実験についての考察の章、「肉食は幸福の量を増やすか」という題の菜食主義や工場畜産の論争を紹介する章を経て、環境倫理学や徳倫理学という最近流行の「柔らかい倫理」と野生動物の問題を取り上げた章で終わる。それぞれにコラムがついている。

例えば第一章のコラムのタイトルは「『生き物を殺してはならない』というルールは存在するか」である。

「……『生き物を殺してはならない』とか『生き物を大事にしなくてはならない』というのはわれわれが幼いころから言われてきている、いわば体に染みついたルールである。なぜ動物倫理の話をするときにこれを出発点としないのだろうか。

しかし、これらのルールが危害原理と同じようなレベルの基本的な義務としてわれわれの社会で機能しているかというと疑問であるし、そもそもそれを基本的な義務として社会が成り立つかも疑問である。生き物を殺してはいけないという基本的な義務がこの社会で受け入れられているのなら、動物を殺さないことには成り立たない肉食という習慣はとっくに非合法化されているだろう。『大事にする』という言い方なら、殺して食べることを排除はしていないわけだが、今度は逆に、『大事にする』というのがどうすることなのか。非常にあいまいになって、やはり基本的ルールとしては使いにくくなる。ましてや生き物といえば、哺乳類だけでなく、昆虫も他の無脊椎動物も植物もバクテリアも含む。しかし、大事にするどころか、害虫やカビを殺すことはむしろ推奨されてすらいる。それもそのはずで、本気であらゆる生き物を大事にするとなると、食べることができるものもほとんどなくなるなど、衣食住のすべての面でほとんど生活が成り立たなくなるだろう。

この考え方を本気で実践しようとした人として、有名なアルバート・シュヴァイツァーがいる。……」

こんな調子で文章は進む。本文はもっと息が長いので、面白さが直接紹介できないのが残念だ。

実はこの本を書評しようと決めてから、何年か前この著者の『疑似科学と科学の哲学』という本を取り上げたことがあるのに気がついた。伊勢田氏——科学哲学と倫理学に架橋する気鋭の学者だそうである——の平易で頭が良くて楽しそうな説明ぶりが、私はすごく好きなのである。

ハリー・ポッターの一〇年間

『ハリー・ポッターと賢者の石』『ハリー・ポッターと死の秘宝』J.K.ローリング著／松岡佑子訳（静山社、一九九九、二〇〇八）

小説

日本語版ハリー・ポッター・シリーズが七巻で完結した。第一巻から一〇年。当初は七巻が七年で終結し、ハリーも一一歳から一七歳になるという計画だったそうだが、原作も一一年かかった。少し時間は延びたが、全体の構成が最初からよく練られていて、全巻に伏線が張ってあることに気づかされる。読み終わったとたんに第一巻から読み返したくなる。

第一巻『ハリー・ポッターと賢者の石』は、思いがけないプレゼントをもらったようだった。ハリー・ポッターシリーズがこの本から始まって、これから七冊読めるかと思うと、とてもうれしかった。

夜九時ころ、私は家の風呂にお湯を入れ始めて、この本を読みにかかった。が、一ページ目から夢中になって、湯を止めに行くことをすっかり忘れてしまった。気がついたのは一一時頃。もうこの時には、今日は全部読むまでやめられないな、と覚悟していた。

一一歳の孤児ハリーに名門ホグワーツ魔法学校からの入学通知が届く。学校行きの汽車が、キングス・クロス駅の九と四分の三番線ホームから出発する。新入生が持つべきものは、ローブの制服二着に「基本呪文集」や「魔法史」などの教科書、杖や大鍋などの学用品。

エンデの『はてしない物語』やル・グウィンの『ゲド戦記』に較べれば、第一巻に関する限り、物語はもっと単純だ。善悪ははっきり分かれており、よき指導者に見守られながらも、よき子どもたちは自分で考え行動し、悪と戦う。帯では「C.S.ルイスやトールキンの現代版」というザ・タイムスの書評が載せてあるが、ルイスのような宗教性やトールキンのような骨太な世界の構築はない。基本は児童文学の伝統にのっとった、子どもたちの勇気と自立と友愛の物語である。学校の寮で暮らしはじめた孤児の物語としては『あしながおじさん』の方が近いと思うし、子どもたちの冒険談としてはトム・ソーヤーに似ているところもある。

ハリー少年は、一〇年間、伯父伯母夫婦と同い年のいとこに虐待されながらも、勇気と知恵と思いやりを備えた礼儀正しい少年に育っている。亡くなった彼の父母は偉大な魔法使いであり、闇の強大な魔法使いと戦って死んだ。このために世界は救われたのだ。血統に対する絶対的な信頼感、環境要因の軽視、も伝統的と言えば伝統的。

そういうことでなくて、この本の最大の魅力は、いきいきした細部の描写にある。それだけで十分だと私は思う。ついでに謎解きもうまくできているから言うことはない。

例えば魔法の品々を売るダイヤゴン横丁には、魔法使いの少年たちがあこがれる、ニューモデルの高速箒《ほうき》や、ふくろう各種を売る魔法のペット屋がある。子どもに人気のチョコレートには、有名魔法使いカードがついていて、子どもたちは何百枚も集め、レアカードを欲しがっている。ただし、カードの中の魔法使いは、時々いなくなったり、笑ったりする。それから空中版魔法サッカーの描写もスピード感にあふれてすばらしい。

映画化を想定して書かれているわけではないのに、目に見えるよう、手に触れられるようだ。イギリスで一九九七年初版ということから考えると、むしろ、映画の方が文字に影響を与えているのかもしれない。

というのは、この楽しさはスターウォーズの細部の描写の楽しさと同質なのだ。あの酒場の場面、チェスの場面。言葉でしか表現できなかったファンタジーの世界が、CGを使えば、映像で具体的に表現できるようになった。反対に、映像的なファンタジーの楽しみも、すぐれた表現者なら、言葉で表現可能である、ということだろうか。

当初は魔法世界の楽しさにとにかく魅了された。主人公の子どもたちは善なる勇気と友愛の世界に生きていた。しかし『ハリー・ポッターと死の秘宝』で全巻が完結してみると、勇気と友愛は変わらず主要なテーマだけれど、物語の構造は決して「善良にして単純」ではなくなった。

ハリーと宿敵ヴォルデモート卿のつながりの深さは、このファンタジーの特徴のひとつである。ヴォルデモートは、闇の帝王と呼ばれる魔法使いである。ある赤ん坊が自分と対抗する力を持つようになるという予言を知って、ハリーを襲って殺そうとした。ところがハリーの母が命を投げ出して子どもを守ったことによって、死の呪文ははね返り、ヴォルデモートは撃退され、ハリーは生き残る。

第一巻では、二人は単に善悪の両極にあるように見える。しかし、その後、ハリーとヴォルデモートは同じ不死鳥の羽で作られた「双子の杖」を持つことがわかってくる。続いて、赤ん坊のハリーが、ヴォルデモートによって傷つけられた時に、ヴォルデモートの能力が、ハリーに植えつけられたことが明らかになる。やがて二人の心はしばしばつながり、相手の目で見、相手の気持ちを感じるようになる。最終巻では、ハリーとヴォルデモートはさらに深くつながっていることが明かされていく。

この二人は、杖と同じようにほとんど双子なのである。不死という欲望に向かって突き進むヴォルデモートが期せずして作り出してしまった自分の分身がハリーであるとも言える。

だから魔法界にとって、ハリーは見かけよりずっと危険な人物なのだが、その真相は七巻かかって、ハリーにも読者にも徐々にわかっていく仕組みになっている。最初は典型的な貴種流離譚《りゅうりたん》に見えていたものが、こんな風に複雑に展開するとは予想できなかった。二人のつながりを考えてみると、二人の戦いが終結する方法はひとつしかないことがわかる。

もうひとつ、物語を貫くのが、母の愛の力である。ハリーの母は自らを犠牲にして息子の命を救い、母の死後もこの愛は究極の魔法としてハリーを守る。このエピソードが物語全体の礎《いしずえ》になっているわけだが、それだけではない。母の愛がすべてに勝って力を発揮するというモチーフは、物語の大事な部分に繰り返し使われている。ヴォルデモートの不幸な母でさえ、自らの命は失っても、子どもの命だけは守り通すのである。孤児院の玄関で彼女は倒れ、そこで子どもを産んで力尽きる。

物語では、最初からすでにハリーの母は死んでいる。一方、母の愛のしるしは消えることなくハリーに残されている。実際には、母の愛は子どもには息苦しい支配を感じさせることもある。しかしハリーの場合は、強い喪失感も抱えているが、現実に自分を支配しようとする親の圧力は受けていない。

この設定は巧妙だ。現実の母の姿がないことが、純粋な母の愛、純粋な犠牲だけを、自然に浮かび上がらせる構造を作る。誰もが物語を素直に楽しめる秘密が、ここにあるかもしれない。

カニバリズムを主題とする異常性愛の悪夢

『ハンニバル　上・下』トマス・ハリス著／高見浩訳（新潮文庫、二〇〇〇）

小説
心理

『羊たちの沈黙』の続編、ハンニバル・レクター博士ものの三部作の最後の巻。

映画でジョディ・フォスターの演じたFBI捜査官、クラリス・スターリングの印象が強烈で、あの顔以外は思い浮かばないと言う人もいるかもしれない。もちろん、この『ハンニバル』もすでに映画化が決定している。映画だけ見た人でも、そのうちの何人かは、文庫本なら買ってくれそうだから、ますます売れるのは間違いない。そういう私も、結局真っ先に買っちゃったんだから。

前編『羊たちの沈黙』は確かに面白かった。精神病院の地下深く、最重警備病棟に何重にも拘束されて閉じ込められているレクター博士。彼は言葉だけで、離れたところにいる他の収容者を殺してしまう。天才サイコパス・レクターのキャラクターの強烈さが、残虐なホラー小説を知的に支える仕組みになっていた。

またクラリス・スターリングの知性と、真摯《しんし》で脆弱《ぜいじゃく》な若さの描写も、単純な女主人公の冒険譚以上の個性を与えていた。殺人者の行動より、傍観者と追跡者の心理的駆け引きが主題になって、よい緊張感が小説全体をカバーしていた。

映画では、ある意味ではしかたのないことなのだけれども、ホラー趣味が前景に出てきて、殺人の猟奇性そのものが小説より強調されていた。

今度の『ハンニバル』はさらにそれが強調されている。映画化を意識しすぎ、なんだろうか。

クラリスの活躍を面白く思わないFBIの男たちがクラリスを陥れようとする。そして、前編で、脱走して行方のわからなくなっていたレクターは、その博識、高尚な趣味にもっともふさわしい場所、古都フィレンツェに現れる。メディチ家の宮殿に住むレクター。レクターはクラリスに「君は戦士なのだよ」と応援の手紙をおくる……。そして悪夢のようなエンディング。それが一見ハッピーエンドに見える奇妙さ。

今度の主題はレクターとクラリスの駆け引きではない。今回はこの二人は、俗悪、鈍重な世間に対峙《たいじ》する、洗練された美男美女のカップルに見える。

全編を覆う主題は、「人が生きながら食べられる」ことであり、もう一歩進んで私の印象を言えば、そのカニバリズムは食べられる苦痛を観察する者の性的な快楽と深く結びついている。

もちろん、人が食べられて死んでいく場面を見ながら射精する、なんていう直接的な描写はどこにもないけど、全編に漂う性的な印象は拭《ぬぐ》い去ることができない。

スティーヴン・キングがこの本を激賞したと言うが、たぶんそれはこの本の途方もない退廃に触れてのことだと思う。夢幻的な場面設定もそれに力を貸している。まあ「カニバリズムを主題とする異常性愛の悪夢」とでもタイトルを振りましょう。

面白そうじゃないか、あんたは何が気に入らないのかって？

私が気に入らないことはひとつだけ。トマス・ハリス本人がレクターの設定やらストーリーやらに酔ってて、意識的にそれを扱えていないようにしか思えないこと。とっても鈍感な感じがすること。
そういう人が書くと、この手の本は性交のないポルノグラフィーになってしまう。

ますます謎めくナルニア国の生みの親

『ナルニア国の父C.S.ルイス』M.ホワイト著／中村妙子訳（岩波書店、二〇〇五）
『喜びのおとずれ』C.S.ルイス著／早乙女忠、中村邦生訳（ちくま文庫、二〇〇五）

実録 教養 人生

古い衣装ダンスの奥、ぶらさがった毛皮の外套《がいとう》の先に、別の世界がある。人のいいフォーンのタムナスさんが傘をさして雪の中をハタハタと主人公の女の子ルーシィのところへやってくる。

「――「こんばんは、よいおばんで――。」とフォーンはいいました。「ごめんなさい、やたらにうかがってはぶしつけと思いますが――あなたは、イブのむすめさんでいらっしゃると考えてよろしいでしょうか?」

この魅力的な出会いの場面から始まるC.S.ルイスの『ナルニア国物語』が、映画化された二〇〇五年から、アメリカでは、本を含めた関連グッズがたくさん出されている。

映画は日本でも二〇〇六年三月から公開されたが、映画化をきっかけに、

C.S.ルイスの評伝や自伝の翻訳が出版された。岩波書店の『C.S.ルイス』はジャーナリスト、M.ホワイトによる評伝。『ナルニア国物語』はもともと岩波から出版されているから、これは順当である。ちくま文庫からは『喜びのおとずれ』というルイスの自叙伝、これは一九七七年に冨山房から出版されたものの再録である。さらに、原書房から『C.S.ルイス物語』が出版されている。キリスト教の護教者としてのルイスの伝記が子ども向けに書いてあって、ちょっと批評は無理な感じ。とりあえず三冊読んでみて、ルイスについて初めて知った楽しいこと、不可解なことの両方があった。

『指輪物語』のJ.R.トールキンとC.S.ルイスは極めて近いところで生きていた。トールキンは一八九二年生まれ、ルイスは一八九八年生まれである。トールキンはオックスフォードのマートン・カレッジでアングロサクソン語の教授を務め、ルイスはマードリン・カレッジにいた。ルイスは古典学と英語英文学で第一級学位を取得し、カレッジのフェローとなっていたのである。

ルイスとトールキンは長らくまたとない親友であり、オックスフォードに作られたインクリングズという私的な集まりの主要メンバーであり、週に二回は、パブや大学の部屋で集まっては、それぞれの作品を朗読したり、意見を交換したりしていた。一九五四年に出版された『指輪物語』も一九五〇年から出版が開始された『ナルニア国物語』も出版される前に、その作者自身によって、この会で朗読されたのである。

当時のオックスフォードはまだまだ古い大学の雰囲気を残していた。朝、カレッジ全員で行われる食事の儀式や、生涯独身を通す教員の生活など、二〇世紀とは思えないような記述が続く。こんな古いカレッジの中でも、ルイスはさらにオールドファッションの人であったらしい。彼は政治にも新しい科学にも興味がなかったという。

こういう人がどうして生き生きしたナルニアの世界を作り出せたのか不思議になる。実は傘を差したフォーンは、宗教者としてのルイスが知的に導き出したものではなく、彼が少年時代に創造したイメージであるらしい。

ルイスは、ウェールズ人の血を引く父親と、ノルマン貴族の血を引く母親との間に、アイルランド、ベルファストで生まれた。敏感で内向的で想像力に富んだ秀でた少年は、母の死によって孤独な時間を過ごす。彼は当初は詩人を志していた。

ルイスは若い頃は無神論者であったが、一九三〇年代に回心し、熱心なキリスト教護教者となったという。自叙伝はその回心について書こうとした書物であるとルイスは言っている。

彼の自叙伝は不思議な書物である。夢幻的な想像力にみちた子どものころのことは、鮮明に詳細に書いてある。しかしその後のことの記述は主観的で抽象的で何があったかさえ判然としない。本人もそういう主観的な本だと断ってはいるのだが、回心の記録だ、と言うには、今度は子どものころの具体的感情的な記述に熱心すぎる。

九歳のときの愛する母の死、学校でのいじめ、第一次世界大戦の塹壕《ざんごう》での戦争体験。トラウマティックな体験についての記述は、婉曲で断片的である。それらはどう考えても、人の心に大きな影響を与えないではおかない出来事のはずだ。実際、当時の多くの知識人、芸術家に、二つの世界大戦は深刻な影響を与えている。直接戦線に参加した彼の内的世界にこの経験が影響を与えないはずはない。書いてないのはむしろこの当時には整理できないほどの影響があったからだと私には思える。

宗教から自由な立場にあるホワイトの評伝も、さまざまな角度から結構な分量で書かれているにもかかわらず、一人の人の統一した像を結ばせることができていないことも特徴的である。ルイスにはまだ謎がありそうだ。

キングが描くリアルなトラウマ

『骨の袋　上・下』スティーヴン・キング著／白石朗訳（新潮社、二〇〇〇）

小説　心理

スティーヴン・キングの上品なラブ・ストーリー。

――なんて言ったら、それだけで「なんかの間違いじゃないの」と笑われてしまいそうである。でも、本当にそうなのだ。「骨の袋」なんていう、ゾンビが大量に現れそうなグロテスクな題名からは、想像のできない内容である。

いやもちろん、幽霊も怪奇現象も満載だし、いつもの通り最後には、パワフルなホラーのクライマックスが来る。けれど、ホラーの覆いをとれば、哀切でやさしいラブ・ストーリーだ。

この小説もキングのほかの多くの作品とおなじく、キングの生まれ育ったメイン州が舞台になっている。メイン州は東海岸の一番北側、カナダとの境界にある小さな州である。

マイク・ヌーナンはベストセラー作家。「ただし、それには、お読みの新聞の日曜版掲載のリストが上位十冊だけのものではなく、上位十五冊まで書名の挙がっているものであれば、という条件がつく。トム・クランシーやロバート・ラドラム、ジョン・グリシャムといった作家と同列にならんだことはなかったが、それでもハードカバーでかなりの部数が動く作家ではあったし、一度だけニューヨーク・タイムズ紙のリストで最高五位を獲得したこともある」。

最高ではなくても十分な成功を収めていたヌーナンの妻、ジョアンナは、薬局で買い物をした直後、脳内大動脈瘤の破裂によって、あっけなく死亡する。

ヌーナンは、夢の中にいるように、葬儀が進行するのを眺める。そして愛する妻の死のあと、小説を書くことができなくなる。さらにヌーナンには気になることがあった。夫婦は精子数の不足のため、不妊の傾向にあると医者に言われていた。けれども、事故が起こった時、妻は薬局で妊娠検査薬を買っていたのである。

心理学的に言えば、このお話のテーマは愛する者のトラウマティックな「喪失」とその悲嘆である。ヌーナンは最初、喪失を否認し、感情を麻痺させる。そして、喪失の苦痛は、パソコン恐怖によるパニック発作となって身体化する。

「文章をふたつと書かないうちに、身も心も目茶苦茶になるんだよ。——心臓の鼓動が二倍になり、三倍になって、息苦しくなって、次にほんとに息切れを起こすんだ。目玉が今にも頭から飛びだして、ほっぺたにだらりと垂れ下がりそうな気分になる。沈みかけた潜水艦に閉じこめられた閉所恐怖症患者の気分なんだ」。

凡庸《ぼんよう》なトラウマ小説家とキングを隔てるのはここである。凡庸な小説家はトラウマやそれへの反応を説明の道具として使うが、キングはトラウマによる苦痛や恐怖や悪夢そのものをリアルに——饒舌にでなく、迫真の具体性をもって——描く。キング自身の生いたちとトラウマの関係は興味を持って追求されてきたが、個人の経験だけでは、こんなに多様な恐怖の多様な描写は不可能である。キングのイマジネーションの豊富さ、表現の力強さ、繊細な感受性、やっぱり巨大な才能と言うしかない、と読みながら再確認する。

この小説にはヌーナンの愛する二人の女が登場する。死んでしまった女性と死ぬ女性である。美しくやさしく男と子どもを保護し慰藉《いしゃ》する女。死んだ女に対するヌーナンの思いは、ほとんど母親に対する思慕に近い。「骨の袋」は本当は死んだ母の愛、死んだ母への愛の「ラブ」ストーリーなのだ。

「パルドビー」は出てこなかったのね……

『ドリトル先生の英国』南條竹則著（文春新書、二〇〇〇）

教養

――西洋の歴史上、動物の言葉を解する有名な人は三人いた。ソロモン王、アッシジの聖フランシスコ、そしてドリトル先生である……。『楽しい家（第一二巻）』に出てくる迷子の腕白少年は言う。「ぼくは、おじさんが、鳥と話をしているのを見たときね、セント・フランシスみたいだから、なんだかおじさんはおもしろそうな人だと思ってたんだ」――

岩波書店から昭和三六年から三七年に出版されたヒュー・ロフティング作、井伏鱒二翻訳の『ドリトル先生物語全集』全一二巻ほど、私が熱心に読んだ書物はない。気に入った巻など、くりかえし読んで、ついには子ども用の堅牢なハードカバーがぐらぐらになって、もう一冊同じものを買った記憶がある。動物語を話すドリトル先生の世界は、何年にもわたって、いつも安定した貴重なアナザーワールドであり続けた。

沼のほとりのパドルビーに住む変わり者のドリトル先生と、ブタのガブガブや犬のジップ、猫肉屋のマシュー・マグたちは、私にとっては確固とした実在であって、その名前の由来を詮索するようなものではなかった。だって、たとえば、あなたの住んでいるところがどんな地名でも、あなたはそれを受け入れるはずだ。なんで千葉県って言うんだ、千葉ってどういう意味なんだ、それがわかんなくちゃ、千葉なんて住所は信じられないなんて言わないでしょう。それと同じで、ドリトル先生がなぜいつもシルクハットをかぶっているのかなんて疑問は、私の頭には一度も浮かんだことがなかった。ドリトル先生はドリトル先生なのだ。

この物語に私がはじめて「検討」を加えざるを得なくなったのは中学生のときだと思う。何かの拍子で、私は井伏鱒二訳でない「ドリトル先生」を読んだのですね。そこにはドゥーリットル先生と書いてあった。ドゥーリットル？　強烈な違和感とともに、ドリトルってdo-littleなんだという洞察が生じて、その瞬間から、一気にドリトル先生全シリーズは、物語として考察の対象になることになった。

浮かび上がる疑問の中には、やがて自分で解決できるものもあったが——たとえばガブガブの引用する「ソネット」とは何かとか——多くは疑問のままに長い年月がすぎた。猫肉屋っていったいどういう商売なのか、オランダボウフウってどんな野菜なのか、ずっと知らないまま、ここまで怠惰にきてしまった。

まさに、それに答える本が出たのだ。ドリトル先生活躍の舞台、一九世紀前半のイギリスを紹介し、「積年の疑問」を氷解、と解説にある。猫肉屋は猫の肉を売るんじゃなくて猫に肉を配って歩くイギリスに実在した商売だった。オランダボウフウって書くだけで、私には「ドリトル先生」のルビを振った活字が思い浮かんでしまうが、これは実は井伏鱒二のちょっとした「超訳」らしい。

昭和三〇年代に同じような体験をした人はけっこうたくさんいるということだろう。少なくとも、この本の著者のドリトル先生体験に私の体験はよく似ているし、この本を新書で出して売れると考えた編集者も仲間であるにちがいない。読書体験というものは個人的なように見えて、実は世代によってかなり共通なのだと認識させられた。

ついでに白状すると、私は三〇年以上にわたりパドルビーをパルドピーだと思いこんでた。ちょっとショックだ。

「日本を輸出」――音二郎と貞奴の冒険

『マダム貞奴――世界に舞った芸者』レズリー・ダウナー著／木村英明訳（集英社、二〇〇七）

神田芭町《よしちょう》一番の芸者であった貞奴《さだやっこ》は、壮士芝居の川上音二郎の妻となる。音二郎は妻と団員を連れて、無計画に海外公演に乗り出すが、結果としては一座の興行は大成功を収めた。その中心には川上貞奴がいた。貞奴の舞台は「細い柳のようにしなやかに」優美で気品があり、ボストンで、ロンドンで、また一九〇〇年のパリの万博で、人々を魅了した。ロンドンでは王室のエドワード皇太子も、パリではロダンも、ウィーンではクリムトもハプスブルク家の皇帝も貞奴を観《み》に訪れた。

音二郎と貞奴の公演は、確かに快挙ではあったが、近代化を目指す日本人にとっては単純に喜べるものでもなかった。彼らの芝居は、外国人の日本イメージに合わせて、書き換えられたり、見せ場が作られたりした。「道成寺」は「鞘当《さやあ》て」と合わせて、吉原を舞台にした「芸者と武士」という話になった。

「（当時の）日本人の感覚からすれば、ふたつの歌舞伎の演目を切り貼りすることは、シェイクスピアの劇で同じことをやってのけるほど突飛ではなかった」。確かに、こういういい加減さとけれん味たっぷりの観客サービスは、大衆演劇の本道である。ただしそれが日本の文化を何ひとつ知らない観客に向けて作られていたから、結局、ゲイシャ、サムライ、ハラキリなどのステレオタイプになったというわけである。一種の蔑《さげす》みにも迎合した異国情緒満載の舞台であったのだろう。

音二郎と貞奴の冒険譚《たん》は自伝も合め、何冊もの本になっている。今回の『マダム貞奴』は、日本人ではなく、日本通の外国人によって書かれている。レズリー・ダウナーはイギリス女性。『奥の細道』や芸者についての解説本も書いている人だ。だからこの本は、欧米における川上音二郎一座のことについて詳しい。日本の資料ももちろん使われているけれども、特に海外にある貞奴の記録——貞奴に対する欧米の批評家や芸術家の称賛が山ほど引用されている。

不思議なのは、この本は明らかに貞奴の生涯に焦点を合わせているのに、本の中から強烈なパーソナリティが浮かび上がるのは、むしろ音二郎の方であって、貞奴ではないことである。貞奴だって、最初は明るく新しもの好き、派手好き、怖いものなしの美形の少女として、魅力的に登場する。しかし、彼女が芸者として、女優として、成功すればするほど、パーソナリティは薄まっていくように見える。ドーナツみたいな読後感がもたらされる。面白くておいしいけれど中央にぽっかり穴が開いている。貞奴ってどういう人なの？　貞奴が何をして、それを海外の人々がどう感じたかについては、たくさんの資料があるが、貞奴自身がそれをどのように感じて、何をしたかったかについては記述が少ない。

ボストン公演のときには、一日で日本版「ヴェニスの商人」が作られた。セリフのわからない外国人に見せるのだから、貞奴扮《ふん》するポーシャの大演説も「『スチャラカポコポコ』とでも『南無阿弥陀仏』でも、声に力を入れて、卓子《テーブル》でも敲《たた》けばよいから」と音二郎は言う。この迅速な対応ぶり、究極のいい加減さは魅力的である。テレビ業界なんかのディレクターになれば、ぴったりはまりそう。無謀な計画で劇場を造って借金を作って逃げ出したり、破たんの多い人格を思わせるエピソードも満載だが、それとともに大きな才能も感じさせる。

これに対して貞奴は、観衆の求めるものをくみ取ることで、日本の演劇初の女性の主演役者になっていく。こちらは人の欲望にこたえることには、天賦《てんぷ》の才がありそうだ。だからこそ、彼女は海外では「愛らしい人形のような優雅な日本人女性」であった。でも、「ヴェニスの商人」日本版で「スチャラカポコポコ」と言えと言われて、彼女がどう思い、どう演じたかについては残念ながら書かれていない。

たぶん、こういう風になっている理由は二つあると思う。ひとつは、そういう記録がないから、なんだろう。妻の言い分などに耳を傾ける風習がない日本では、彼女の自分についての発言はほとんどない。

もうひとつ、ダウナーが基本的に芸者や歌舞伎といった日本の風俗、日本の伝統に関心を持つ研究者であって、人そのものに興味を持っているわけではない、ということも影響しているのだろう。

読んでいるとなかなかややこしい状況に自分が陥ることに気づく。日本人一座が、欧米へと渡り、日本の演劇を日本語で披露する。それを欧米人が観て外国語で批評する。その欧米人の日本演劇批評を、ダウナーが蒐集《しゅうしゅう》して、英語で欧米人のために出版する。日本人翻訳者がそれを日本語に訳して、この本を作る。私がそれを読む。何枚もの「文化のレンズ」の屈折を通して、踊る貞奴の姿を覗《のぞ》き込む、この不思議な感覚こそ、一番のこの本の特徴である。

ちょうど出版に合わせるように、イヤ、イベントに出版を合わせるように、かもしれないが、この年、二〇〇七年一二月には三谷幸喜がこの「ヴェニスの商人」を題材にした舞台をやっていた。本を読んで観に行きたいと思ったが、チケットは即日完売だそうで手にはいらなかった。面白そうだものね。

実際の殺人事件にヒントを得た、完成度の高い小説

『またの名をグレイス　上・下』マーガレット・アトウッド著／佐藤アヤ子訳（岩波書店、二〇〇八）

小説

心理

マーガレット・アトウッドはカナダを代表する作家・詩人。ブッカー賞とか、ハメット賞だけでなく、カナダ総督文学賞やコモンウェルス作家賞といかにもカナダらしい名前の文学賞をたくさん受賞している。一九三九年生まれだから、そろそろ七〇歳というところである。

『またの名をグレイス』は、日本語訳は上下巻二冊になって結構な分量である。だが、読みだすとそのまま引き込まれるので、ボリュームは苦にならない。巧みな構成、心理の理解、時代の描写。すべてに円熟した技量を感じさせ、魅力がいっぱいの小説である。

小説は、一八四三年にカナダで実際に起こった有名な殺人事件がもとになっている。グレイス・マークスという一六歳の美しい女中が、屋敷の主人

と、その情婦でもあった女中頭の殺人の容疑で逮捕される。

グレイスは、同僚の屋敷の使用人ジェイムズ・マクダーモットとともに、二人を惨殺したとされた。しかし、彼女の記憶はあいまいで供述は何度も変わった。結局、マクダーモットは公開絞首刑となったが、グレイスはすんでのところで絞首刑を免れ、三〇年間「キングストンの懲治監」で服役することになる。

物語は、グレイスのストーリー、それに関心を持ち、とらわれていく、若い精神科医、サイモン・ジョーダンのストーリー、さらにそれを取り巻く人々の書簡や記録などから、パラレルに構成される。様々な切片が次第に集まり、この殺人事件の様相とグレイスの世界が見えてくる。

謎解きを進めるのに最も重要な役割を果たすのは、精神科医のサイモンである。グレイスの病理に興味を持ち、あわよくばそれを研究に仕立てて発表したいと思っているサイモンは熱心にグレイスのもとに通い詰める。

彼がグレイスに出会う時代の設定は一八五九年、フロイトが精神分析を始める三〇年近く前の時代のことである。シャルコーのヒステリーと催眠の研究も、またそれに触発されて始まったフロイトの研究ももちろんまだ世に出ていない。

それでもサイモンは、私には若きフロイトを連想させる。グレイスがヒステリー発作を起こしていることは間違いなく、グレイスの過去を探求する熱心さや親密な治療関係も、その後の展開も、フロイトの第一作『ヒステリー研究』を思い出させる。

フロイトとブロイアーの最初の患者であるアンナ・Oは、治療者ブロイアーへ恋愛感情を持ち、それに恐れをなして、彼らは途中で治療から逃げ出してしまうのだが、サイモンも突然グレイスを放り出してしまうのである。

アトウッドは、虐待や暴力や悲劇的な喪失を経験した人の混乱や恐怖に対して深い理解を持っている。一方で、知的関心で近づき逃走する医師に対する冷めた視線がある。このあたりがトラウマや人格の分裂話を単に利用する並みのミステリーとこの本を分かつ点である。

心理描写が魅力的なので、まずそのことをたくさん書いてしまったが、もうひとつ素晴らしいものをあげておかねばならない。それは具体的な事物の描写力である。グレイスの得意なキルト――開拓時代からの伝統の文様をはめ込んだキルトのワークは、それぞれの章の扉のデザインにも使われている。

キルトの針目の細かさが、グレイスの手仕事の腕や美意識を示す。服装の描写も庭園の描写もまた刑務所の描写も読者に多くを伝える。完成度の高い本だ。

【初出一覧】……毎日新聞「今週の本棚」掲載年月日

第1章　隣の芝生はホントに青い？

『男はつらいらしい』奥田祥子著（新潮新書）……07年9月23日
『バタフライハンター——10のとても奇妙で素敵な仕事の物語』クリス・バラード著（日経BP社）……07年11月25日
『学校崩壊』河上亮一著（草思社）……99年5月16日
『希望の国のエクソダス』村上龍著（文藝春秋）……00年7月30日
『会社再建　史上最大の巨大倒産 管財人の記録』奥野善彦著（小学館）……00年12月10日
『ジェーン・フォンダ我が半生　上・下』ジェーン・フォンダ著（ソニーマガジンズ）……06年6月4日
『楯』二谷友里恵著（文藝春秋）……01年6月10日
『未来のたね——これからの科学、これからの人間』アイリック・ニュート著（NHK出版）……01年10月7日
『アップルパイ神話の時代——アメリカ モダンな主婦の誕生』原克著（岩波書店）……09年3月22日
『スウェーデンに学ぶ「持続可能な社会」安心と安全の国づくりとは何か』小澤徳太郎著（朝日新聞社）……06年3月26日
『砂漠の女ディリー』ワリス・ディリー著（草思社）……99年10月31日
『巨乳はうらやましいか？——Hカップ記者が見た現代おっぱい事情』スーザン・セリグソン著（早川書房）……08年1月13日

第2章　あなたと私は遠くて近い

『ペットと日本人』宇都宮直子著（文春新書）……00年2月6日
『セクシュアル・ハラスメント対策』山田秀雄、舟山聡著（日経文庫）……99年10月3日
『証言の心理学　記憶を信じる、記憶を疑う』高木光太郎著（中公新書）……06年8月20日
『歌姫あるいは闘士　ジョセフィン・ベイカー』荒このみ著（講談社）……07年7月8日
『壊れる男たち――セクハラはなぜ繰り返されるのか』金子雅臣著（岩波新書）……06年4月30日
『ブレンダと呼ばれた少年　ジョンズ・ホプキンス病院で何が起きたのか』ジョン・コラピント著（無明舎）……00年11月12日
『一瞬でいい』唯川恵著（毎日新聞社）……07年8月19日
『小森陽一、ニホン語に出会う』小森陽一著（大修館書店）……00年5月28日
『黒と青』アナ・クィンドレン著（集英社）……01年8月5日
『英雄の書　上・下』宮部みゆき著（毎日新聞社）……09年2月15日
『一条さゆりの真実――虚実のはざまを生きた女』加藤詩子著（新潮社）……01年5月6日
『悪者見参――ユーゴスラビアサッカー戦記』木村元彦著（集英社文庫）……01年7月8日

第3章　プロの世界

『遺体鑑定――歯が語りかけてくる』鈴木和夫著（講談社）……99年6月13日
『「戦争」の心理学――人間における戦闘のメカニズム』D.グロスマン、L.W.クリステンセン著（二見書房）……08年6月1日
『図書館のプロが教える〈調べるコツ〉――誰でも使えるレファレンス・サービス』浅野高史他著（柏書房）……06年12月10日
『ヨーロッパの庭園――美の楽園をめぐる旅』岩切正介著（中公新書）……08年4月20日

『フェルマーの最終定理——ピュタゴラスに始まり、ワイルズが証明するまで』サイモン・シン著（新潮社）……00年3月5日
『博士と狂人——世界最高の辞書OEDの誕生秘話』サイモン・ウィンチェスター著（早川書房）……99年5月8日
『森の旅人』ジェーン・グドール、フィリップ・バーマン著（角川21世紀叢書）……00年4月2日
『エジソン　理系の想像力』名和小太郎著（みすず書房）……06年11月12日
『ひとにやさしい道具——シニア生活を豊かにする便利な商品たち』共同通信社文化部著（宝島社新書）……99年12月5日
『ドキュメント弁護士——法と現実のはざまで』読売新聞社会部著（中公新書）……00年6月25日
『杉田久女——美と格調の俳人』坂本宮尾著（角川選書）……08年11月23日

第4章　心の居心地

『女は人生で三度、生まれ変わる——脳の変化でみる女の一生』ローアン・ブリゼンディーン著（草思社）……08年10月12日
『精神疾患は脳の病気か？——向精神薬の科学と虚構』E.S.ヴァレンスタイン著（みすず書房）……08年3月23日
『児童虐待——現場からの提言』川崎二三彦著（岩波新書）……06年9月24日
『人間は脳で食べている』伏木亨著（ちくま新書）……06年2月19日
『「顧客」としての高齢者ケア』横内正利著（NHKブックス）……01年9月2日
『「教育の崩壊」という嘘』村上龍著（NHK出版）……01年4月1日
『精神医学の二十世紀』ピエール・ピショー著（新潮選書）……99年11月28日
『離婚後300日問題　無戸籍児を救え！』毎日新聞社会部著（明石書店）……08年9月14日
『拒食と過食の心理——治療者のまなざし』下坂幸三著（岩波書店）……99年7月11日

『父―娘 近親姦』ジュディス・L・ハーマン（誠信書房）
『PTSDの医療人類学』アラン・ヤング著（みすず書房）……01年3月4日

『快適睡眠のすすめ』堀忠雄著（岩波新書）……00年8月20日

『ワーキング・プア　アメリカの下層社会』デイヴィッド・K・シプラー著（岩波書店）……07年5月27日

第5章　読み出したら止まらない「お楽しみ」

『細菌人間』筒井康隆著（出版芸術社）……00年10月15日

『動物からの倫理学入門』伊勢田哲治著（名古屋大学出版会）……09年1月18日

『ハリー・ポッターと賢者の石』『ハリー・ポッターと死の秘宝』J.K.ローリング著（静山社）……00年1月9日
08年8月3日

『ハンニバル　上・下』トマス・ハリス著（新潮文庫）……00年4月30日

『ナルニア国の父C.S.ルイス』M.ホワイト著（岩波書店）
『喜びのおとずれ』C.S.ルイス著（ちくま文庫）……06年1月15日

『骨の袋　上・下』スティーヴン・キング著（新潮社）……00年9月17日

『ドリトル先生の英国』南條竹則著（文春新書）……01年2月4日

『マダム貞奴　世界に舞った芸者』レズリー・ダウナー著（集英社）……07年10月21日

『またの名をグレイス　上・下』マーガレット・アトウッド著（岩波書店）……08年6月29日

著者紹介

小西 聖子（こにし たかこ）

愛知県出身。武蔵野大学人間関係学部教授。東京大学教育学部教育心理学科卒業、筑波大学医学専門学群卒業、同大学院医学研究科修了。精神科医、医学博士、臨床心理士。おもな著書に『犯罪被害者の心の傷』（白水社）、『犯罪被害者遺族』（東京書籍）、『ドメスティック・バイオレンス』（白水社）、『二次的外傷ストレス』（翻訳・誠信書房）など。大学での教育研究のかたわら、犯罪被害者等施策推進会議委員をはじめ被害者の心のケアと支援の活動に力を注ぐ一方で、毎日新聞「今週の本棚」欄の書評を担当して児童文学から解剖学まで、難易硬軟不問、あらゆる分野にわたる本の批評を10年以上続けている。

ココロ医者《いしゃ》、ホンを診《み》る ― 本のカルテ10年分から ―

発行日 ………… 2009年10月10日　初版第1刷
著者 …………… 小西 聖子（こにし たかこ）
発行 …………… 武蔵野大学出版会
〒202-8585　東京都西東京市新町1-1-20　武蔵野大学構内
Tel 042-468-3003　Fax 042-468-3004

編集協力 ……… 小池 由李
本文デザイン … 下小薗 一郎
装丁 …………… 田中 眞一
印刷 …………… モリモト印刷株式会社

ISBN 978-4-903281-13-1

武蔵野大学出版会ホームページ
http://www.musashino-u.ac.jp/shuppan/